# UX/UI 디자이너를 위한
# 실무 피그마

개정판

# UX/UI 디자이너를 위한 실무 피그마 (개정판)

## 디자인 시스템에서 개발 전달까지

**초판 1쇄 발행** 2021년 11월 1일
**개정판 1쇄 발행** 2022년 11월 1일

**지은이** 클레어 정 / **펴낸이** 김태헌
**펴낸곳** 한빛미디어(주) / **주소** 서울시 서대문구 연희로2길 62 한빛미디어(주) IT출판2부
**전화** 02-325-5544 / **팩스** 02-336-7124
**등록** 1999년 6월 24일 제25100-2017-000058호 / **ISBN** 979-11-6921-046-1  93000

**총괄** 송경석 / **책임편집** 홍성신 / **기획 · 편집** 홍현정
**디자인** 박정화 / **전산편집** 다인
**영업** 김형진, 김진불, 조유미 / **마케팅** 박상용, 한종진, 이행은, 고광일, 성화정 / **제작** 박성우, 김정우

이 책에 대한 의견이나 오탈자 및 잘못된 내용에 대한 수정 정보는 한빛미디어(주)의 홈페이지나 아래 이메일로
알려주십시오. 잘못된 책은 구입하신 시점에서 교환해 드립니다. 책값은 뒤표지에 표시되어 있습니다.
한빛미디어 홈페이지 www.hanbit.co.kr / 이메일 ask@hanbit.co.kr

지금 하지 않으면 할 수 없는 일이 있습니다.
책으로 펴내고 싶은 아이디어나 원고를 메일(writer@hanbit.co.kr)로 보내주세요.
한빛미디어(주)는 여러분의 소중한 경험과 지식을 기다리고 있습니다.

# UX/UI 디자이너를 위한
# 실무 피그마

개정판

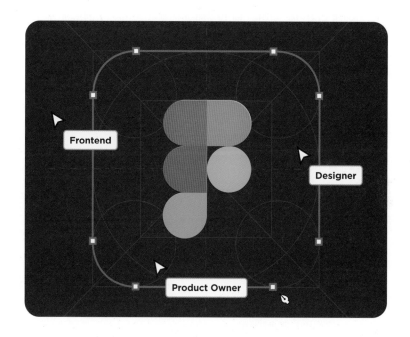

## 디자인 시스템에서 개발 전달까지

클레어 정 지음

한빛미디어
Hanbit Media, Inc.

# 추천사

피그마를 처음 시작하는 분이나 서서팀 피그마를 배우고 있는 학생에게 유익한 책입니다. 여러 가지 툴을 자세히 알 수 있고 내용이 어렵지 않아 좋았습니다.

_**임수민** 학생

최근에는 개발자에게 디자인이 넘어올 때 디자인 파일째로 넘어오기 때문에 개발자도 피그마 기능을 익혀두는 것이 좋습니다. 처음 피그마를 접한 사람을 위해 피그마의 모든 기능에 대한 상세한 설명이 좋았습니다.

_**조현석** 11번가 개발자

이 책은 개발자에게도 유익합니다. 이전까지는 디자인보다 프론트, 백이 더 중요하다고 생각했는데 책을 읽고 생각이 바뀌었습니다. 피그마로 디자인을 처리하는 흐름을 보니 프론트를 피그마에서 구현하는 듯합니다. 혼자 코딩을 한다면 이 책으로 디자인 측면과 프로젝트에 도움받을 수 있습니다. 저자의 노하우 공유는 고마울 정도입니다.

_**윤수혁** 학생

스케치보다 피그마가 익숙해질 세대를 위한 매뉴얼입니다. 피그마 기초를 이루는 핵심 용어와 이론이 잘 설명되어 있습니다. 기능적으로 다양한 선택지 아래 실제 응용 가능한 디자인 방법을 제공합니다.

_**정소연** 두나무 디자이너

피그마를 처음 시작하는 디자이너뿐만 아니라 개발자와 마케터에게도 유용합니다. 마케터로 일하며 피그마를 통한 협업이 필수적이었는데 이 책으로 평소 갖고 있던 궁금증을 해결했습니다. 더불어 세부적인 기능을 이해하는 데 많은 도움을 받았습니다. 피그마, 디자인이 궁금했지만 배울 엄두가 나지 않았던 마케터에게 한 걸음을 내딛게 해준 책입니다. 추천합니다!

**_김승현** DND 마케터

빠르게 익혀서 현업에서 바로 사용해야 한다면 실습이 많은 이 책을 선택하겠습니다. 필요한 기능은 그때마다 하나씩 도움말을 찾아보면 되니까 기본 기능만 먼저 익혀보세요. 피그마가 와이어프레임부터 간단한 프로토타입까지 모두 지원되기에 자주 사용하는 기능은 직군별로 조금씩 다를 수 있습니다. 이 책의 실습을 따라 하는 것만으로도 피그마를 잘 쓸 수 있습니다.

**_류난희** 프로덕트 오너

이 책을 선택하신 분은 실무 디자이너, 학생, 디자인에 관심이 많은 개발자 등일 거라 예상합니다. 여러분에게 피그마라는 편리하고 현대적인 디자인 툴을 소개하게 되어 기쁩니다. 디자이너에겐 여러 가지 실무 꿀팁, 학생에게는 전체적인 활용 흐름, 개발자에게는 디자이너와 쉽게 협업하는 방법(또는 디자이너 없이도 디자인하는 방법)을 알려드리려고 합니다.

제가 UX/UI 디자인을 시작할 때만 해도 아직 대부분의 회사가 포토샵으로 디자인을 하고 포토샵 플러그인으로 만든 수치 가이드를 따로 전달하는 원시적인 방법을 쓰고 있었습니다. 제가 대학을 다닐 때는 커리큘럼이 인쇄에 치우쳐 있었고 실무 UX/UI 방법론은 해외 자료와 비싼 사설 학원에 기대어 배워야 했었습니다. 인터랙티브 관련 수업도 대부분 실무 서비스보다는 실험적인 예술 작업을 추구하는 경우가 많아 오히려 동호회나 외부 프로젝트를 통해서만 실제 웹/앱 서비스를 제작하는 경험을 할 수 있었습니다. 그 와중에 구글 크롬 디자이너인 Sebastian Gabriel의 「Designer's Guide to DPI」에 감명을 받아 본격적으로 해외 아티클을 번역하며 독학을 시작했습니다. 그 후 초기 스타트업에서 커리어를 시작하며 여러 프로젝트를 작업하게 되었습니다.

브랜딩이나 제품 디자인을 하는 지인들로부터 UX/UI 디자인을 어떻게 시작하느냐는 질문을 많이 받습니다. IT 분야 성장세가 높고 인력 수요가 많기 때문에 다른 분야의 디자이너가 UX/UI 업무로 편입되는 현상이 있습니다. 저의 경우를 보면 알 수 있듯이 디자인 전공이어도 UX/UI 디자인을 시작하려면 툴에 대한 이해도와 기술적인 지식 그리고 경험이 필요합니다. 이 책에서는 툴 기능뿐만 아니라 기술적인 지식과 현업에서 알아야 하는 여러 가지 참고 자료를 담았습니다.

2021년의 피그마 콘퍼런스의 테마가 '어떻게 쓸 것인가?'였다면 2022년의 주제는 '어떻게 협업할 것인가?'로 넘어갔습니다. 처음 피그마를 집필하던 당시에는 효율적인 재택 방법에 대한 논의가 많이 이루어지던 시기였습니다. 개정판을 작성하는 2022년 하반기에 주요 IT 기업은 재택과 출근이 섞인 근무 형태를 시도하고 있습니다. 앞으로 기업에서 사무실 비용 절감과 구성원의 만족도 증가를 위해 혼합형 근무 형태를 꽤 유지하리라 생각합니다.

필자도 현재 출근과 재택을 병행하여 업무를 하고 있습니다. 출근했어도 회의실이 부족하여 피그마의 오디오 챗을 활용하는 경우가 많습니다. 서로 업무 시간이 다르거나 논의해야 할 대상이 여러 명일 경우 피그마로 코멘트를 남기고 의사결정을 합니다. 피그마의 오디오 챗이 슬랙의 허들과 줌 미팅을 대체하는 것처럼 툴이 서로의 역할을 보완하기 때문에 클라우드 방식 없이는 시장에서 살아남기 어렵습니다.

피그마가 UX/UI 디자인 툴에서 그 시작을 열었고 조금씩 브랜딩, 기획 등 관련된 업종으로 유저가 확장되는 추세입니다. 이런 트렌드에 따라 개정판에서는 피그마 업데이트 내용과 함께 디자이너 외 타 직군에 도움이 될 수 있는 내용을 추가했습니다. 이외로 개정판에 새롭게 추가한 내용은 '개정판 주요 사항'에서 확인할 수 있습니다.

발전하는 속도를 봤을 때 앞으로 IT 협업에서 피그마는 빠질 수 없는 툴이 될 거라 확신합니다. 여러분의 커리어에 피그마와 이 책이 도움이 되기를 바랍니다.

2022년 11월
클레어 정

# 이 책의 구성

UX/UI 디자인 실무는 학부에서 배우기 어려워 온라인 클래스의 도움을 받고 있는 실정입니다. 이런 점을 감안하여 다른 튜토리얼 책에서는 볼 수 없는 현업에서의 디자인 시스템과 개발 전달 과정을 자세히 기술하려 노력했습니다. 지금까지 디자인 커뮤니티를 통해 받았던 도움을 이 책에 고스란히 녹여두었으니 새로운 자산을 축적해두는 기회가 되길 바랍니다.

### 본문 구성

두 부분으로 나누어 1부에서는 피그마 기능, 2부에서는 실습 프로젝트를 다룹니다. 각 장의 레슨을 따라하면 자연스레 피그마 사용 방법을 익힐 수 있습니다.

피그마 기능을 어느 정도 안다면 2부 '피그마로 디자인하기'의 실습부터 시작하고, 모르는 기능이 나오면 1부의 기능 설명을 살펴보는 걸 추천합니다.

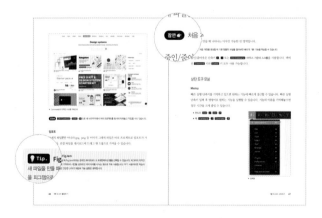

### Tip. , 잠깐

피그마 프로그램을 활용할 때 유용한 팁, 간단하지만 놓칠 수 있는, 하지만 주의가 필요한 다양한 팁이 가득 담겨 있습니다.

# 개정판 주요 사항

피그마의 주요 업데이트 내용을 추가하고 예제에 이를 반영했습니다. 주요 업데이트 내용은 다음과 같습니다.

- **다크모드**: 데스크톱과 웹 모두 다크모드 지원
- **오토레이아웃**: 캔버스 컨트롤 기능 및 반응형 옵션 추가
- **컴포넌트 속성**: 컴포넌트 속성을 사용해서 베리언츠 개수 줄이기 가능
- **스프링 애니메이션**: 프로토타이핑에서 더 자연스럽고 부드러운 애니메이션 가능
- **가변 폰트**: 가변 폰트 사용 가능
- **스포트라이트**: 다른 사람이 내 화면에 집중하게 하는 기능 추가
- **개별 스트로크**: 사각형 도형에서 상하좌우에 각각 선 적용 가능
- **브랜칭 리뷰 상태**: 업데이트, 디자인 피드백, 변경 요청을 관리자가 승인 가능
- **아웃라인**: 아웃라인에서 스트로크의 굵기와 도형의 가장자리를 알려주는 바운딩 박스 표시
- **패스워드 보안 링크**: 파일과 프로토타입 공유 시 패스워드 지정 가능
- **데스크톱 탭 업데이트**: 탭을 고정하거나 드래그하여 분리 가능
- **위젯 코드 제너레이터**: 피그마 위젯을 플러그인처럼 만들고 커뮤니티에 배포 가능

### 어도비의 피그마 인수

2022년 9월, 어도비의 피그마 인수가 발표되었습니다. 지금까지 어도비가 인수한 서비스를 봤을 때 예상할 수 있는 변화는 다음과 같습니다.

- 피그마 커뮤니티 파일과 플러그인이 어도비 클라우드에 포함
- 어도비 프로그램과의 호환성 증가
- 기술적인 안정성과 다국어 지원
- 비핸스 UX 카테고리와 라이브에서 피그마 추가
- 프로 이상은 구독료 증가, 오픈소스의 유료화 지원

IT 업계에서 툴은 언제나 가장 빠르고 유저의 가려운 곳을 긁어주는 서비스가 살아남았습니다. 더 좋은 툴이 있다면 사용자들은 언제든 갈아탈 준비가 되어 있으니까요. 피그마의 장점은 간편함, 협업, 오픈소스이니 이 핵심 가치를 지키며 발전하기를 기대합니다.

# 실습 파일 다운로드

눈으로만 보는 것보다 직접 피그마 프로그램을 실행한 후 하나씩 따라했을 때 학습 효과는 더욱 증대됩니다. 저자의 피그마 커뮤니티에 업로드한 각 실습 파일을 다운로드하여 활용하세요.

**01** 피그마 앱에서는 커뮤니티 주소에 `uidesignguide`를 검색하여 저자의 커뮤니티 채널을 찾을 수 있습니다.

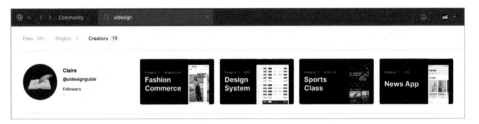

**02** 피그마 웹에서는 `figma.com/@uidesignguide`를 주소창에 입력하면 저자의 채널로 이동합니다.

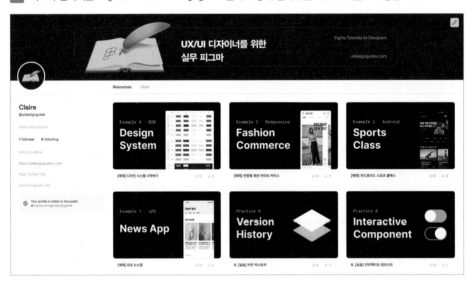

**03** 파일 상세에서 [Get a copy]를 클릭하여 나의 Draft 페이지에 복사하여 사용합니다.

**04** 필요한 화면이 보이지 않는다면 실습 순서에 따라 페이지를 구분한
왼쪽의 Pages 패널을 확인하세요.

# 목차

## 목차

## 목차

## 목차

Chapter

10

# 글로벌 NFT 마켓

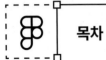

## 목차

# Part 01

# 피그마 활용하기

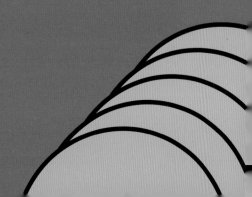

## 1부에서 다루는 내용

1부에서는 피그마의 장점과 시작하는 방법, 주요 기능을 알아보고 실습합니다.

### 1장 피그마 시작하기

피그마만의 장점을 설명하고 전체 인터페이스가 어떻게 구성되어 있는지 훑어봅니다.

### 2장 그래픽 스타일과 라이브러리

그래픽 요소를 만드는 기능을 설명하고 스타일을 저장하고 공유하는 방법을 배웁니다.

### 3장 정렬과 레이아웃

정렬을 편리하게 하는 스마트 셀렉션을 활용하는 방법을 배웁니다. 반응형 디자인에서 두 가지 필수적인 기능인 콘스트레인트와 레이아웃을 함께 활용하는 노하우를 배웁니다.

### 4장 리소스, 컴포넌트, 오토레이아웃

리소스는 컴포넌트, 플러그인, 위젯을 통합한 공간입니다. 디자인 통일성을 위해 가장 중요한 기능인 컴포넌트를 살펴봅니다. 피그마에만 있는 오토레이아웃 기능을 이해하고 간단한 투두 리스트와 팝업을 실습합니다.

### 5장 디자인 시스템과 협업

컴포넌트를 더 체계적으로 활용하는 베리언츠, 실제 화면처럼 시연할 수 있는 프로토타입, 베리언츠와 프로토타입 기능이 합쳐진 인터랙티브 컴포넌트 기능을 배우고 실습합니다.

Chapter

# 1

# 피그마
# 시작하기

# 왜 피그마인가

## 피그마 소개

피그마는 2021년 UX tools에서 실시한 UI 툴 랭킹에서 UI 디자인, 핸드오프, 디자인 시스템 활용 등 거의 모든 항목에서 1위를 차지했습니다.

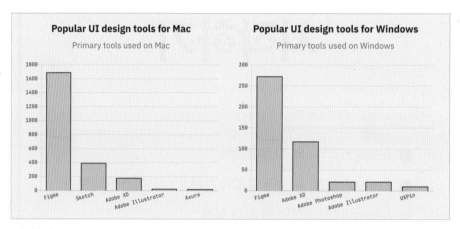

▶ 통계 출처: https://uxtools.co/survey-2021

피그마에선 스케치 사용자가 작성한 스케치 파일을 업로드하여 바로 작업할 수 있습니다. 그 반대는 지원하지 않습니다. 단축키도 스케치와 거의 같기 때문에 기존 스케치 사용자는 짧은 학습으로 피그마를 바로 실무에 활용할 수 있습니다.

피그마에선 파일을 저장할 필요 없이 웹에서 바로 디자인할 수 있습니다. 맥과 윈도우 환경뿐만 아니라 개발자가 사용하는 리눅스에서도 사용할 수 있습니다. 계정에 접속만 하면 가장 최신 버전의 디자인에 접근하여 이미지를 다운로드받거나 수정할 수 있습니다.

웹 기반이므로 스케치와 어도비XD에 비해 업데이트가 빠른 것도 큰 장점입니다. 피그마에서 먼저 도입한 기능을 몇 개월 뒤 스케치와 어도비XD에서 도입하는 경우가 많습니다.

현재 국내 디자인 업계도 스케치에서 점차 피그마로 갈아타고 있습니다. 기존 프로젝트가 너무 커서 피그마로 옮기기 어려운 경우 스케치와 피그마를 함께 사용하지만, 곧 피그마가 메인 UI 디자인 툴이 되리라 예상합니다.

## 피그마를 활용한 디자이너의 하루

클레어는 가상의 스타트업에 근무하는 UX/UI 디자이너입니다. 클레어의 하루를 통해 피그마를 팀에서 어떻게 활용할 수 있는지 알아봅시다.

### 9:00 am

출근해서 피그마를 엽니다. 어제 공유한 디자인 시안에 기획자의 코멘트가 있습니다. 일단 코멘트에 답변을 해놓고 프레젠테이션에 반영할 시안을 만들어둡니다.

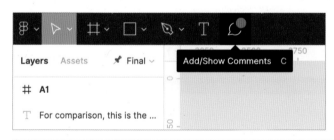

## 10:00 am

오늘은 주간 회의가 있는 날입니다. Jira에 피그마 링크를 첨부합니다. 전체 화면이 바로 보여서 예전에 스케치 화면을 이미지로 Export해서 첨부할 때보다 빠르게 작성을 끝냈습니다.

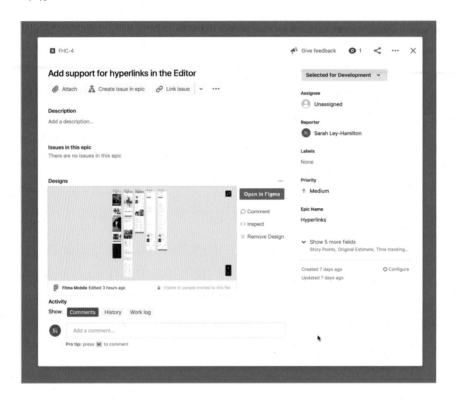

## 11:00 am

회의가 시작되고 화면에 팀원들의 커서가 모두 나타납니다. 프로덕트 오너(PO)의 커서가 한쪽을 가리키며 이건 어떤 의도로 작업한 건지 물어봅니다. 프레젠테이션 모드를 끄고 프로토타입 창을 켜서 움직임을 보여줍니다. 각 팀원은 각자의 피그마 미러에서 모바일 화면을 확인합니다.

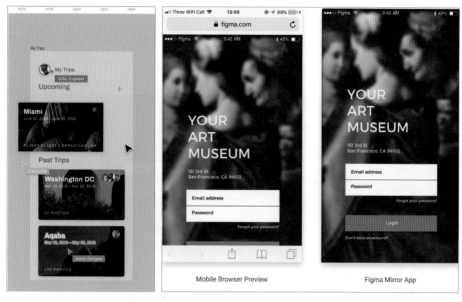

Mobile Browser Preview                     Figma Mirror App

▶ 멀티 플레이어 커서          ▶ 피그마 미러 뷰

## 1:00 pm

재택 중인 기획자가 여러 군데에 소소한 텍스트 수정이 있다고 합니다. 수정 권한을 can edit로 변경해서 직접 텍스트를 변경할 수 있도록 합니다.

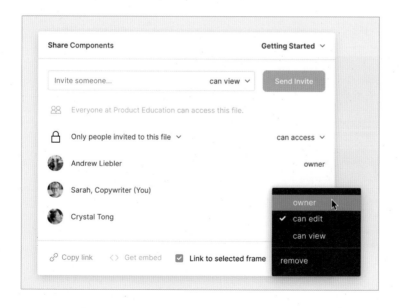

## 2:00 pm

프로덕트 오너가 현재 모바일 페이지에 다크모드를 적용해야 한다고 말합니다. 기존 디자인 시스템을 확인하고 베리언츠를 추가하여 색상을 테스트합니다.

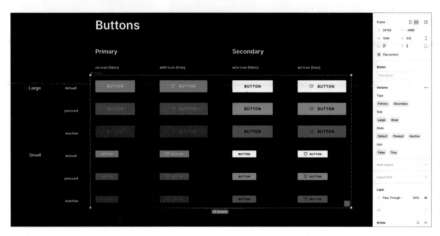

▶ 버튼 베리언츠 예시

## 4:00 pm

커뮤니케이션 담당자가 회사 블로그에 이번 업데이트의 AS IS(이전 화면)와 TO BE(업데이트된 화면)가 잘 나타나는 화면이 필요하다고 합니다. 버전 히스토리를 켜서 일주일 전의 화면을 Export합니다.

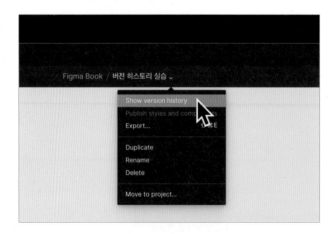

## 5:00 pm

수정된 업데이트 화면 링크를 개발자에게 보냅니다. 개발 전달 전 인스펙트 탭에서 CSS에 이상한 부분은 없는지 확인합니다. 이미지 Export도 개발자가 피그마에서 직접 할 수 있어서 스케치와 제플린 사용에 비해 불필요한 소통이 줄었습니다. 개발자는 전체 익스포트 단축키를 사용하여 모든 에셋을 한 번에 다운로드합니다.

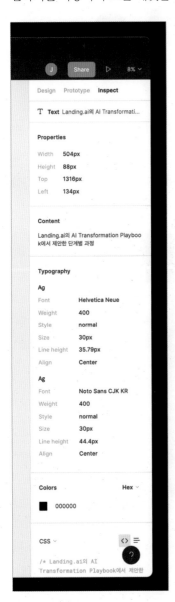

## 6:00 pm

다른 디자이너가 오늘 업데이트한 스타일과 컴포넌트가 필요하다고 합니다. 수정된 파일의 스타일과 컴포넌트를 팀 라이브러리에 발행(Publish)합니다.

## 다음날 9:00 am

집에서 피그마 프로젝트를 켜니 어제 회사에서 멈췄던 시점의 캔버스를 바로 확인할 수 있습니다. 오늘은 디자이너들끼리 논의하는 날이어서 줌 대신 피그마의 오디오 챗 기능을 활용하여 캐주얼하게 회의를 진행합니다. 바로 화면을 옆에 두고 코멘트를 남기고 의견을 테스트해봅니다.

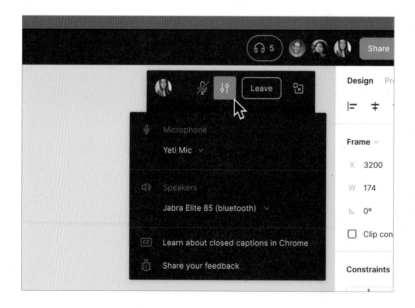

기존 스케치 사용자라면 제플린과 앱스트랙 등 여러 다른 보조 툴이 필요했던 기능을 피그마에서 바로 처리할 수 있다는 걸 눈치챘을 겁니다.

## 피그마를 활용한 기획자의 하루

기획자 라일리는 PPT로 기획을 주로 해왔습니다. 그러나 이제는 버전 관리의 번거로움과 재택근무 때문에 피그마를 더 적극적으로 활용합니다. 라일리의 하루를 통해 기획자가 피그마를 어떻게 활용할 수 있는지 알아봅시다.

### 10:00 am

출근 후 슬랙을 켜니 피그마 슬랙봇이 여러 디자이너와 개발자의 코멘트 알림을 알려줍니다. 피그마를 켜서 코멘트에 답변을 해줍니다.

### 1:00 pm

신규 변경될 기능의 플로우차트 작업을 시작합니다. 커뮤니티에서 받은 플로우차트 컴포넌트를 활용하고 Autoflow 플러그인으로 연결하는 방식을 사용합니다.

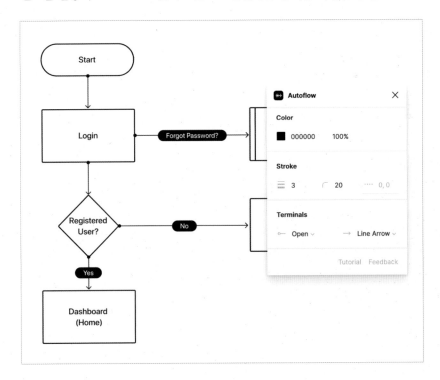

## 2:00 pm

플로우 차트를 토대로 상세 시나리오보드를 작성합니다. 라일리의 팀은 PPT가 아닌 피그마 템플릿을 활용하여 시나리오보드를 작성합니다. 이미 디자이너가 만들어둔 기획용 컴포넌트를 활용하기 때문에 이전보다 와이어프레임을 그리는 데 들어가는 시간이 크게 줄었습니다. 다른 기능과 연결되는 페이지가 있으면 Frame link를 상세 설명에 삽입합니다.

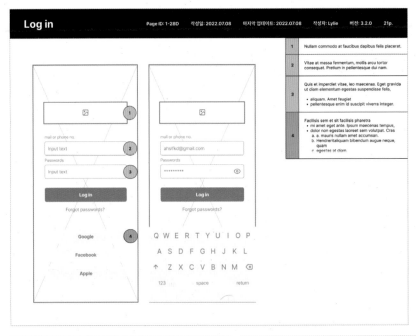

▶ 시나리오보드 예시

**4:00 pm**

새로 추가된 기능에 대한 회의 시간입니다. 외부 관계사도 온라인 미팅에 들어올 예정이라 보안을 위해 비밀번호를 설정한 링크를 전달했습니다.

구글 미트로 화면을 공유하고 `Ctrl/Command` + `/` > `Show/Hide UI` 빠른 실행으로 UI를 숨겨 내용에 집중할 수 있도록 합니다. 윈도우는 `Home` , 맥은 `fn` + `→` 단축키를 사용해서 다음 페이지로 빠르게 넘어갑니다. 누군가 질문을 해서 윈도우는 `End` , 맥은 `fn` + `←` 단축키를 사용해서 이전 페이지로 되돌아갑니다.


**5:00 pm**

PO가 특정 화면의 현재 전환율 등의 수치를 물어봐서, 시나리오보드 옆에 Table 위젯을 추가하고 구글 스프레드시트를 불러왔습니다. 이제 스프레드시트와 연동되어 현재 데이터를 피그마에서 바로 확인할 수 있습니다.

변경 사항을 커버 페이지 옆에 Changelog 위젯을 사용하여 기록합니다.

| Product CTR | | | | |
|---|---|---|---|---|
| A | B | C | D | E |
| Product ID | Product Category | Event | Distinc tID | CTR |
| 1 | Fashion | Purchase | UI | 23% |
| 2 | Food | Purchase | U2 | 45.20% |
| 3 | Fashion | Purchase | U1 | 71% |
| 4 | Fashion | Purchase | U4 | 9% |

▶ Table 위젯

▶ Changelog 위젯

## 6:00 pm

법률 이슈 때문에 결제 페이지에서 특정 단어를 모두 교체해야 합니다. 특정 단어만 찾아주는 Find / Focus 플러그인으로 찾아보니 한두 페이지가 아닙니다. 단어를 대체하는 Find and Replace 플러그인으로 전체 페이지의 단어를 교체해줍니다. 버전 히스토리를 남기고 .fig 파일을 따로 Export해서 위키에도 저장합니다.

## 7:00 pm

관계사 공유용으로 스토리보드를 PDF로 전달해달라는 요청이 왔습니다. 이미지가 많으면 PDF 용량이 너무 커서 Downsize 플러그인을 사용해서 전체 파일 사이즈를 한 번 줄입니다.

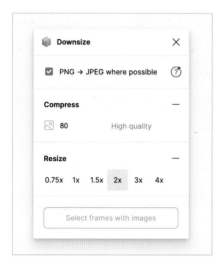

프레임을 선택하고 `Quick action` > `Export frames to PDF` 를 실행합니다.

## 피그마를 활용한 개발자의 하루

닉은 프론트엔드 개발자입니다. 이전 회사에서는 PPT 기획서와 제플린을 사용했지만 이직하고 피그마에 적응 중입니다. 닉의 하루를 통해 개발자가 피그마를 어떻게 활용할 수 있는지 알아봅시다.

### 9:00 am

법률적인 문제로 특정 단어가 모두 변경되어야 한다는 미팅이 있었습니다. 닉은 주로 크롬에서 피그마를 보기 때문에 Figma search 크롬 플러그인을 사용해 해당 페이지를 찾았습니다. 크롬에서 Figma search를 활용하면 Viewer-only 모드에서도 플러그인 사용이 가능합니다.

## 10:00 am

인스펙트 패널로 수치를 확인하고 변경된 아이콘을 Export하여 교체해줍니다. 라이브러리 파일의 아이콘은 Export가 선택되어 있어 `Shift` + `Ctrl/Command` + `E` 단축키로 모든 에셋을 한 번에 Export할 수 있습니다.

## 11:00 am

디자이너로부터 특정 컴포넌트가 추가되었다는 슬랙이 왔습니다. 위치를 파악하기 위해 Viewer 모드인 디자인 파일을 개인 Draft에 복제한 뒤, Instance Finder 플러그인을 사용합니다. 추가된 컴포넌트가 어떤 화면에 포함되었는지 확인할 수 있습니다.

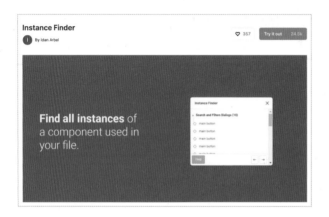

## 2:00 pm

주니어 디자이너가 전달한 디자인에 레이어가 보이지 않지만 선택되는 영역이 있어 인스펙트로 확인하기 어려운 부분이 있습니다. 바쁜 와중에 사소한 문제라 개인 Draft에 복제해서 불필요한 레이어를 치우고 공유된 파일에는 코멘트를 남겼습니다.

## 4:00 pm

회사 내부 세미나용 PPT를 제작해야 합니다. 외부 공유용 자료는 디자이너가 템플릿을 만들어주기로 했지만 우선 닉이 초안을 작성해야 합니다. 마침 피그마 커뮤니티에서 괜찮아 보이는 템플릿을 찾았습니다.

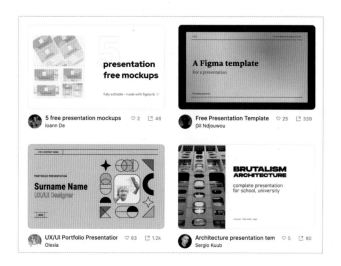

## 9:00 pm

닉은 퇴근 후 사이드 프로젝트로 개발 관련 유튜브를 합니다. 피그마 커뮤니티에서 썸네일 템플릿을 다운받아 수정해서 사용합니다. 하는 김에 테크 스택 로고 파일을 다운받아 깃허브 배너도 만들었습니다.

**디자인 노하우**  **팀원들에게 피그마 도입을 설득하고 싶어요!**

조직에 속한 디자이너가 새로운 툴을 도입하는 건 생각보다 많은 사람의 동의를 거쳐야 합니다. 특히 이미 스케치나 어도비XD를 사용하고 있는 팀이라면 같은 기능인 피그마로 변경하도록 설득하기 어렵습니다. 관리자 입장에선 섣불리 새로운 툴을 도입했다가 유행이 지나가 버리면 안 되니까요. 동료 입장에서도 새로운 학습이 필요해 초반에 부담을 느낍니다. 포토샵에서 스케치로 변경했던 시절의 경험으로 봤을 때 조직의 유연성에 따라 도입 시기에 큰 차이가 있었습니다.

따라서 디자이너 한 명이 주장해서 바로 그 툴을 사용하긴 어렵습니다. 지속해서 홍보를 하면서 장점을 어필하고, 장점이 받아들여지면 서서히 사용하기 시작합니다. 이때 기획, 디자인, 개발 등 다양한 직군의 관계자가 장점을 공감하고 사용하면 더욱 좋습니다. 예를 들면 스케치에서 시안 전달을 위해 사용하는 제플린의 경우 일일이 접근 권한을 디자이너가 수락해야 합니다. 피그마는 설치 없이 웹 링크만으로도 쉽게 PO와 개발자가 파일에 접근할 수 있고, 디자이너가 부재중일 때 원본 파일을 요청할 필요가 없습니다. 이러한 피그마의 장점을 관계자 2~3명 이상이 공감대를 형성했을 때 도입을 추진하는 방식이 자연스럽습니다. 현재 필자가 속해 있는 팀에서는 업무 효율성에 따라 프로젝트별로 스케치와 피그마를 나눠서 사용하고 있습니다.

### 디자인 시스템 예시 보여주기

피그마로 디자인 시스템을 운영하고 공개하는 좋은 예로는 스포티파이와 슬랙이 있습니다. 피그마로 만들어진 디자인 시스템만 모아서 보고 싶다면 Design Systems for Figma 페이지[1]를 확인해보세요.

피그마가 운영하는 디자인 시스템[2]의 아티클에도 배울 점이 많으니 확인해보는 걸 추천합니다. 특히 프론트엔드 개발자에겐 디자인 시스템을 관리하기 좋은 스토리북과 리액트를 바로 활용할 수 있다는 장점을 알려주면 좋습니다.

---

**1** https://www.designsystemsforfigma.com
**2** https://www.designsystems.com

## 피그마로 프레젠테이션하기

피그마는 UX/UI 디자인뿐만 아니라 문서 공유에도 훌륭한 툴입니다. 문서를 공유할 일이 있거나 새로 만들어야 한다면 사전에 피그마로 공유하고 프레젠테이션해보세요. 피그마의 실시간 협업 기능을 파악할 수 있게 되고 흥미를 느낄 수 있을 겁니다.

## 새로운 프로젝트부터 피그마로 만들기

기존의 파일을 상의 없이 피그마로 옮기면 중요한 업무나 다른 사람에게 파일을 전달해야 할 때 혼란스러울 수 있습니다. 포토샵에서 스케치로 넘어올 때는 포토샵에서 스케치 파일로의 변환이 안 돼서 곤란해하는 회사가 많았습니다. 스케치 파일은 피그마로 가져올 수 있지만 피그마 파일은 스케치로 가져갈 수 없기 때문에 새로운 프로젝트부터 피그마로 시작하는 걸 추천합니다. 피그마는 새롭게 디자인 시스템이 필요한 프로젝트에 적합하며 많은 팀이 두 가지를 함께 사용하다가 피그마로 넘어가고 있습니다.

# Lesson 02

# 피그마 설치와
# 기본 인터페이스 둘러보기

## 피그마 설치

### 브라우저 VS 데스크톱 앱

피그마는 웹 기반 프로그램이기 때문에 설치 없이 브라우저에서 바로 디자인할 수 있습니다. 크롬, 사파리, 파이어폭스, 마이크로소프트 에지에서 사용 가능합니다.

figma.com에서 회원가입을 하면 바로 피그마 Starter 계정의 모든 기능을 사용할 수 있습니다. 피그마에서 제공하는 기본 폰트 이외의 내 컴퓨터의 폰트를 사용하고 공유하려면 폰트 인스톨러를 다운로드해야 합니다. 처음 시작하는 분들은 웹에서 기능을 활용해보고 더 편리하게 사용하고 싶을 때 설치하는 걸 추천합니다.

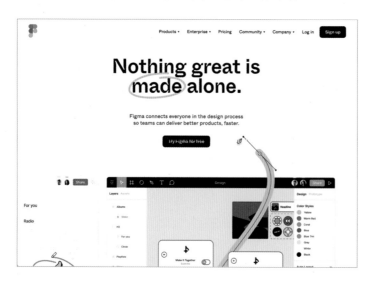

필자는 맥과 윈도우, 크롬 브라우저 환경 모두에서 피그마를 사용하고 있는데 단축키 외에는 큰 차이가 없습니다. 하지만 플러그인이 설치형에선 되지만 브라우저에서는 안 되는 경우가 있어 주로 설치형으로 사용하고 개인 PC가 아닌 환경에서만 브라우저로 접속하여 확인합니다. 프리랜서나 접속 환경을 자주 바꿔야 하는 경우 편리합니다.

> **💡 Tip.** **오프라인에서 피그마 사용하기**
>
> 피그마는 클라우드 기반 툴이기 때문에 윈도우와 맥 앱으로 시작할 때도 브라우저를 호출하여 로그인해야 합니다. 일단 피그마에 접속하면 오프라인으로 작업이 가능하지만 자동 저장 같은 기능은 제한됩니다. 프로필 옆의 아이콘으로 오프라인 상태를 확인할 수 있습니다.
>
>
>
> ▶ 온라인                                                          ▶ 오프라인
>
> 벡터 그래픽 같은 일반적인 그리기 기능은 가능하지만 새로운 파일을 생성하거나 열려 있지 않은 파일에 접근하는 것은 불가능합니다.
>
> 라이브러리에서 컴포넌트를 검색하거나 가져올 수 없습니다. 플러그인도 외부 API를 호출하지 않는 기능만 가능합니다. 인터넷이 연결되면 최신 작업 내용이 반영됩니다.

## 피그마 미러

피그마 미러[3] 앱은 디자인한 화면이나 프로토타입을 PC와 선 연결 없이도 바로 모바일에서 확인할 수 있습니다. 안드로이드와 iOS 앱 모두 지원하며 앱 없이 모바일 웹 브라우저에서도 링크로 바로 확인할 수 있습니다.

모바일 웹 서비스는 모바일 웹에서, 앱 서비스는 앱에서 확인하여 디자인이 완성되었을 때 디자인 환경에 맞게 체크할 수 있습니다.

---

3 https://www.figma.com/mirror

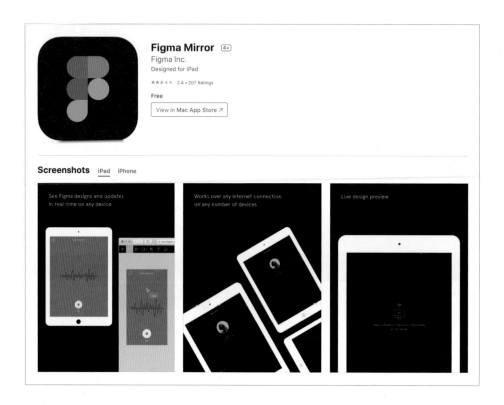

## 메인 대시보드

본격적인 디자인을 하기 전에 피그마에 어떤 기능이 있는지 알아보겠습니다. 피그마의 인터페이스는 지금까지 사용해본 어떤 그래픽 툴보다 압도적으로 심플합니다. 여기선 맥 앱 버전을 기반으로 설명하지만, 웹과 윈도우 버전도 다르지 않으니 걱정할 필요 없습니다. 이 절에선 전체적인 기능만 확인하고 더 자세한 기능은 이후 장에서 다룹니다.

다음 그림은 제가 피그마를 시작하면 나오는 화면입니다. 가운데 뜨는 썸네일들은 최근에 작업한 프로젝트이고, 왼쪽 사이드바는 프로젝트를 그룹 지어 정리하는 공간입니다.

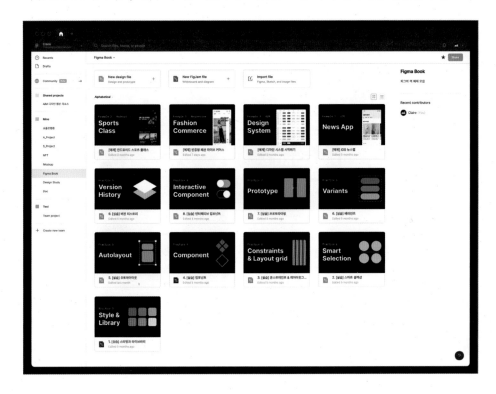

## 새 파일

Ctrl/Command + N 단축키로 새 파일을 만들 수 있습니다.

[Design file +] 버튼 또는 Ctrl/Command + N 단축키[4]로 새 파일을 만듭니다. 초보자라면 피그마에서 제공하는 예시 파일이나 Community 탭에서 여러 디자인 시스템 파일을 복제하여 살펴보는 걸 추천합니다.

---

4  단축키의 경우 [윈도우/맥] 순으로 표기했습니다. 그러므로 윈도우에서는 Ctrl + N , 맥에서는 Command + N 이 단축키입니다.

▶ Community의 디자인 시스템 카테고리

잠깐 👉 Ctrl / Command + Shift + N 으로 새 브라우저에서 여러 프로젝트를 동시에 띄워놓고 작업할 수도 있습니다.

## 임포트

스케치 파일뿐만 아니라 jpg, png 등 이미지 그래픽 파일은 바로 프로젝트로 임포트가 가능합니다. 로컬 파일을 대시보드에 드래그 앤 드롭으로 가져올 수 있습니다.

> 💡 Tip. 피그잼
>
> 새 파일을 만들 때 피그잼(FigJam)이라는 온라인 화이트보드 & 프레젠테이션 툴을 선택할 수 있습니다. 피그마의 디자인을 피그잼으로 가져와서 시안을 공유하고 아이디어를 나누는 용도로 주로 사용합니다. PPT 사용자라면 학습이 필요하지 않은 간단한 UI이기 때문에 기능 설명은 생략합니다.

**파일 캔버스**

새 파일을 만들 때 나타나는 디자인 가능한 빈 영역입니다.

**잠깐 👉** 처음 계정을 생성할 때 기본 템플릿 파일을 열어보면 빠르게 기본 기능을 학습할 수 있습니다.

줌인/줌아웃은 단축키 `+`, `-` 또는 `Ctrl/Command` + 마우스 가운데 스크롤을 사용합니다. 맥에선 `Command` 키와 `Control` 키 모두 사용 가능합니다.

## 상단 도구 모음

### Menu

빠른 실행 단축키를 기억하고 있으면 원하는 기능에 빠르게 접근할 수 있습니다. 빠른 실행 단축키 입력 후 명령어로 원하는 기능을 실행할 수 있습니다. 기능의 이름을 기억해놓으면 업무 시간을 크게 줄일 수 있습니다.

- 윈도우: `Ctrl` + `/`, `Ctrl` + `P`
- 맥: `Command` + `/`, `Command` + `P`

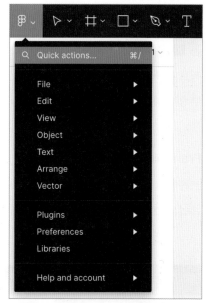

▶ 검색창

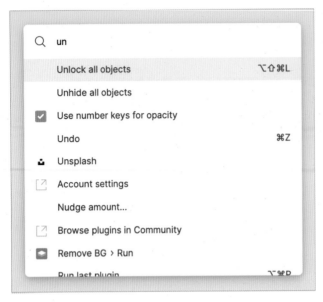

▶ 검색창 실행

## Move와 Scale

Move의 단축키는 **V**, Scale의 단축키
는 **K**입니다. 스케일을 이용하면 오브
젝트나 레이어 전체의 비율을 변경할
수 있습니다.

## Frame과 Slice

프레임은 포토샵이나 스케치에서의 아트보드 영역입니다. 단축키는 **A** 또는 **F**입니다. 프
레임은 그룹과 달리 여백을 포함한 영역입니다. 슬라이스는 원하는 만큼의 영역을 지정하
여 내보낼 수 있는 툴입니다. 단축키는 **S**입니다.

## Shape

기본 도형 툴입니다. 가장 많이 사용하는 도형은 사각형이며 단축키는 **R**입니다. 그다음은 원형 **O**, 선 **L** 순서입니다. 다각형 툴은 각의 개수와 각도를 조절할 수 있어 편리합니다.

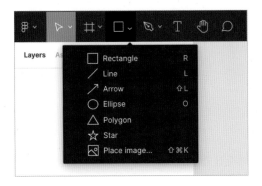

## Pen과 Pencil

펜 툴 단축키는 **P**이며 **Esc** 키로 빠져나올 수 있습니다. 도형을 더블클릭하여 벡터 편집을 시작하고 **Enter/Return** 키를 눌러 편집을 완료합니다. 벡터 편집을 하는 도중에 펜 툴로 원하는 위치를 선택하여 새로운 앵커 포인트를 추가할 수 있습니다. 연필 툴은 자유 도형을 그릴 수 있으며 자동으로 자연스러운 곡선인 베지어 커브로 조절됩니다. 단축키는 **Shift** + **P** / **Shift** + **Option** + **P**입니다.

## Text

텍스트 툴의 단축키는 **T**입니다. 툴 선택 후 클릭하면 텍스트 박스가 생성되고 [클릭 + 드래그]하면 fixed 사이즈의 바운딩 박스 레이어가 생성됩니다.

## Hand

핸드 툴의 단축키는 Spacebar 입니다. 손 모양 아이콘으로 캔버스를 잡고 원하는 위치로 이동할 수 있습니다.

## Comment

단축키는 C 입니다. 코멘트 툴은 대표적인 디자인 전달 툴인 제플린의 노트 기능처럼 원하는 위치에 댓글을 달 수 있는 기능입니다. 팀원들과 원격으로 소통하며 질문을 남길 때 사용합니다. 코멘트 선택 시 나타나는 오른쪽 패널에서 전체 코멘드 히스토리를 확인할 수 있습니다.

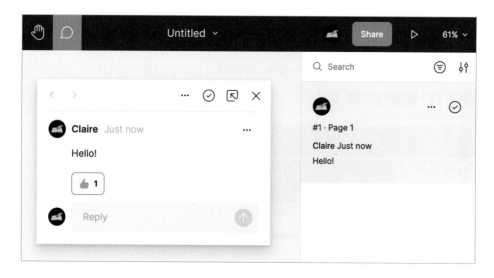

## 사이드바

2D 그래픽 툴의 구조는 대부분 비슷합니다. 왼쪽에는 현재 화면에 있는 레이어의 정보를, 오른쪽에는 레이어를 제어하는 상탯값의 정보를 보여줍니다. 피그마의 왼쪽 사이드바는 레이어를 편집하고 오른쪽 사이드바에서는 디자인 요소를 수정하는 역할을 합니다.

### 레이어 패널과 에셋 패널

왼쪽 사이드바에서는 캔버스를 나누는 페이지와 레이어 패널, 나중에 배울 컴포넌트를 가져올 수 있는 에셋 패널이 있습니다.

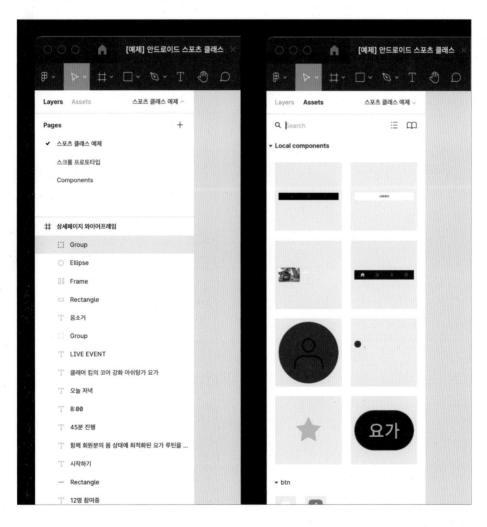

## 디자인 패널

화면 오른쪽에는 디자인 옵션을 변경할 수 있
는 요소들이 나타납니다. 이때 선택한 레이어
에 따라 변경할 수 있는 요소만 나타납니다.

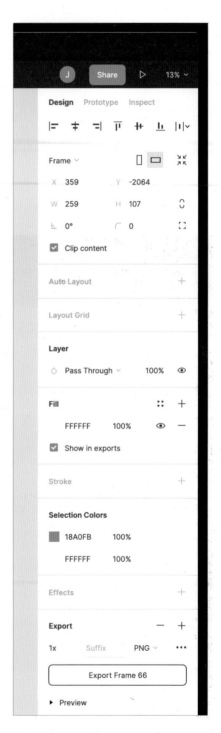

## 프로토타입 패널

프로토타입 패널에서 프로토타입의 설정을 변경할 수 있습니다. 트랜지션과 모션을 더 부드럽게 만드는 easing 설정도 가능합니다.

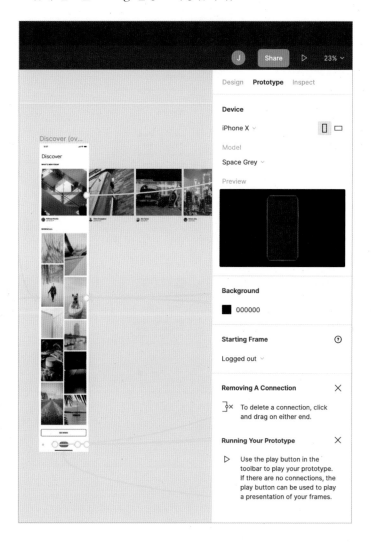

## 인스펙트 패널

인스펙트 패널에선 개발자를 위한 코드를 지원합니다. 현재는 CSS, iOS, 안드로이드를 지원합니다. 플러그인을 이용하여 SASS 같은 추가적인 라이브러리를 사용할 수 있습니다.

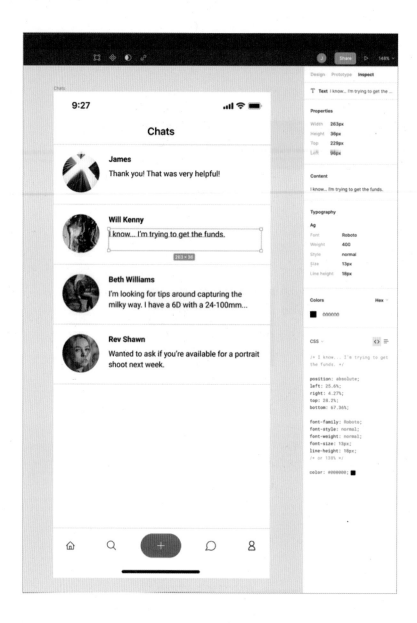

## 공유와 뷰 세팅

피그마는 웹 공유가 간편하고 여러 계정의 동시 접속과 공동 작업이 편리하다는 강력한
장점이 있습니다.

## 동시 접속과 뷰어 모드

현재 다른 사람이 파일에 접속해 있는지 알 수 있습니다. 파일을 보거나 편집하는 모든 사람을 보여줍니다. 유저 아바타를 클릭해서 관찰 모드가 되면 다른 사람의 화면을 실시간으로 볼 수도 있습니다. 디자인 프레젠테이션이나 크리틱에 활용하기 좋습니다.

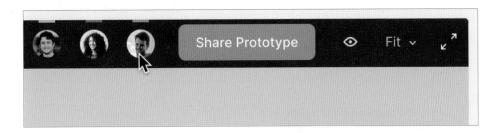

Spotlight 기능은 원격 디자인 프레젠테이션에 활용하기 좋은 기능입니다. 내 프로필을 클릭하면 [Spotlight me] 버튼이 나타나며 다른 사람에게 내가 보는 뷰가 공유됩니다.

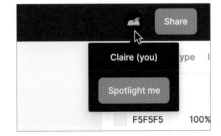

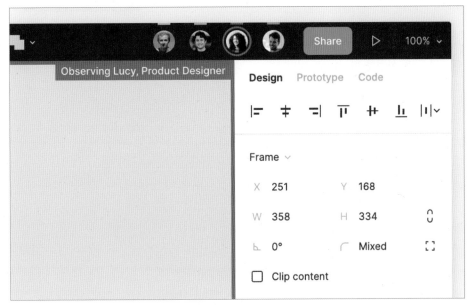

## 공유

[Share] 버튼을 클릭하면 공유 옵션 팝업이 나타납니다.

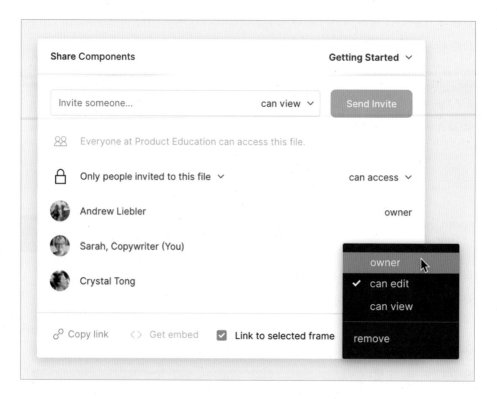

다음과 같은 설정을 할 수 있습니다.

- 다른 뷰어나 편집자 초대하기
- 링크로 파일 공유하기
- 파일 오너십 변경하기
- 파일 권한 설정하기
- 초대한 참여자 접근 권한 삭제하기
- 뷰어의 카피, 공유, 파일 익스포트 제한하기

## 프레젠테이션, 프로토타입 프리뷰

[Share] 버튼 옆의 [▷] 플레이 버튼을 클릭하면 프레젠테이션 뷰가 나옵니다. 프레임 단위로 디자인과 프로토타입을 확인할 수 있습니다. 아이폰과 같은 디바이스 이미지를 지원하며 Copy Link로 웹 링크를 통해 파일 전달 없이 바로 프로토타입을 공유할 수 있습니다.

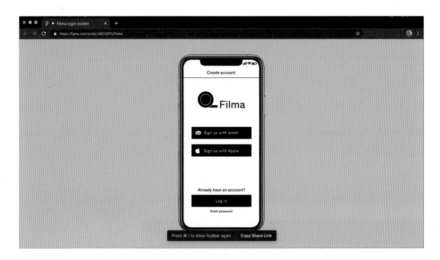

## 뷰 세팅

파일의 뷰 세팅을 관리합니다. 현재 열린 파일에만 적용됩니다.

- 줌(Zoom): 뷰를 확대하거나 축소합니다. 디자인이 캔버스 내 어디에 있는지 보이지 않을 경우 Zoom to fit 을 활용하면 캔버스에 전체 디자인이 나타납니다.

- 픽셀 프리뷰(Pixel preview): 줌을 확대했을 때 비트맵 이미지가 깨지는 정도를 확인할 수 있습니다. 1x, 2x 에서 어떻게 보이는지 Export하지 않고도 체크할 수 있습니다.

- 픽셀 그리드(Pixel grid): 줌을 확대했을 때 1px 단위의 그리드 선이 보이는 옵션을 끄고 켤 수 있습니다.

- 스냅 투 픽셀 그리드(Snap to pixel grid): 디자인 요소가 1px 정수 단위로만 이동하게 만들 수 있습니다.

- 레이아웃 그리드(Layout grids): 레이아웃 그리드를 켜고 끕니다.

- 자(Rulers): 자 기능을 켜고 끕니다.

- 아웃라인(Outlines): 모든 벡터 요소를 아웃라인으로 확인할 수 있습니다.

- 멀티플레이어 커서(Multiplayer cursors): 디자인을 공유하고 실시간으로 작업할 때 다른 사람의 커서를 안 보이도록 할 수 있습니다.

**잠깐👉** 음성 채팅 기능을 활용하여 원격으로 디자인을 보며 회의할 수 있습니다.

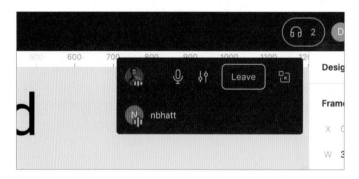

**잠깐👉** 멀티플레이 커서 이용 시 단축키 **/**를 이용해 커서챗을 사용할 수 있습니다. 여러 작업자와 디자인할 때 슬랙이나 업무 메신저 대신 소통하기 편리합니다. **Esc** 키로 빠져나올 수 있습니다.

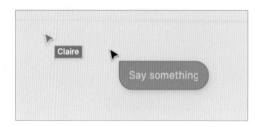

## 다크모드 테마 변경

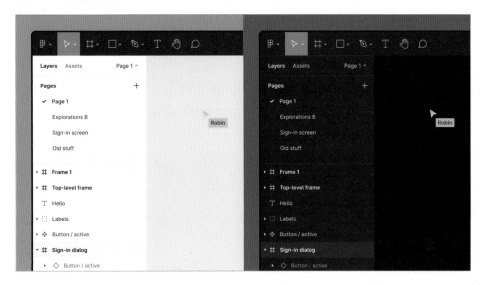

피그마 UI도 라이트모드와 다크모드를 지원합니다.

[홈 버튼 〉 Preference 〉 Theme]
에서 원하는 모드를 선택합니다.

또는 [빠른 실행 〉 Dark mode / Light mode]를 검색합니다.

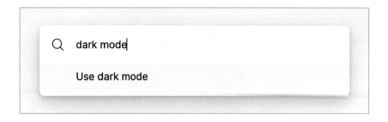

이 절에서는 웹, 앱 디자인을 하기 전에 이해해야 하는 기술적인 배경지식과 용어를 설명합니다. 먼저 해상도 관련 용어를 표로 정리해서 보여주고 각각에 대해 자세히 알아보겠습니다.

▶ 해상도 관련 용어 정리

| 용어 | 설명 |
| --- | --- |
| 스크린 사이즈(screen size) | 화면의 대각선 길이. 단위는 인치 |
| 해상도(resolution) | 화면의 총 픽셀 수 |
| ppi(pixels per inch) | 화소 밀도. 디스플레이에서 인치당 픽셀 수 |
| dpi(dots per inch) | 픽셀 밀도. 화면의 실제 영역 내에 있는 픽셀 수 |
| dp(density-independent pixels) | 안드로이드 사이즈 단위. 화면 크기와 해상도가 달라도 레이아웃을 동일한 비율로 보여주기 위해 안드로이드에서 정의한 단위 |
| sp(scale-independent pixels) | 안드로이드 텍스트에서만 사용하는 단위. dp와 동일한 비율 |
| pt(point) | iOS 사이즈 단위. dp와 같은 역할 |

## 해상도와 화소 밀도(PPI)

화소 밀도는 디스플레이에서 1인치에 들어가는 픽셀 수이며 ppi로 나타냅니다. 화소 밀도가 높을수록 화면이 선명해집니다. 스크린 사이즈와 해상도, 화소 밀도는 비례하지 않고 기기마다 다릅니다. 다음은 10ppi와 20ppi의 예입니다. 해상도와 ppi가 높을수록 이미지가 선명해집니다.

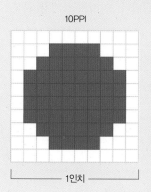

10PPI
1인치

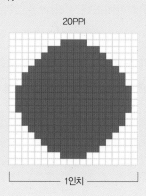

20PPI
1인치

다음은 27인치 맥에서 두 가지 해상도로 화면을 표현한 예입니다. 모니터에서 해상도를 조절할 때 자주 볼 수 있는 화면입니다. 디바이스 스크린은 정해진 ppi가 있고 각자 최적의 해상도가 있습니다. 해상도가 높으면 더 조밀한 픽셀로 레이아웃을 표현하므로 전체적인 디자인이 작아집니다. 바람을 넣은 풍선에 그림을 그리고 바람을 빼면 그림이 작아지는 원리로 생각하면 이해하기 쉽습니다.

▶ 이미지 출처: https://sebastien-gabriel.com/designers-guide-to-dpi/#dpi

## 픽셀 밀도(DPI)

픽셀 밀도는 화면의 실제 영역 내에 있는 픽셀 수이며 dpi로 나타냅니다. 이 밀도는 화면상의 총 픽셀 수인 해상도와 다릅니다.

다양한 디바이스에 디자인이 같은 비율로 보이도록 1x를 기본으로 디자인합니다. 디자인은 1x로 하지만 디바이스에는 각 배율로 보이게 됩니다. 이미지는 가장 최신 디스플레이에서 깨지지 않는 해상도로 준비해야 합니다. 최근에는 모바일 디스플레이나 맥 레티나 화면의 해상도가 높아 1x 이미지는 사용자에게 흐리게 보일 확률이 높습니다. 항상 2x로 PNG 이미지를 Export 해야 한다는 점을 기억합시다.

잠깐 🔎 mdpi 이전에 피처폰급의 ldpi라는 0.75x 배율이 있었지만 스마트폰 보급률이 낮은 지역의 글로벌 서비스 같은 특수한 경우를 제외하고 현재는 쓰이지 않습니다. Export에서 제공하는 0.75x 배율의 프리셋 사이즈는 이 때문입니다.

▶ 안드로이드와 iOS의 픽셀 밀도

| dpi | 픽셀 밀도 | 안드로이드 배율 | iOS 배율 | |
|---|---|---|---|---|
| mdpi | ~160dpi | 1x | @1 | 기준 |
| hdpi | ~240dpi | 1.5x | | |
| xdpi | ~320dpi | 2x | @2 | |
| xxhdpi | ~480dpi | 3x | @3 | |
| xxxhdpi | ~640dpi | 4x | | |

안드로이드와 애플 로고 이미지를 각 픽셀 밀도에 맞춰 내보내면 다음과 같은 이미지 세트가 만들어집니다.

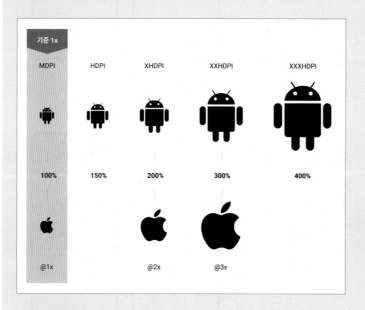

> 💡 **Tip. 디바이스별 사이즈**
>
> 특정 기기의 ppi나 물리적 사이즈가 궁금하다면 https://screensiz.es에서 확인할 수 있습니다.

## 픽셀 단위(DP, SP, PT)

안드로이드와 iOS는 디자인 요소가 여러 디스플레이에서 같은 비율로 보일 수 있도록 독립된 단위를 사용합니다. 단위를 px로 지정하면 디스플레이의 물리적 픽셀로 인식하여 화면별로 사이즈가 달라집니다. 이를 방지하기 위해 논리적 픽셀 단위인 dp를 사용합니다.

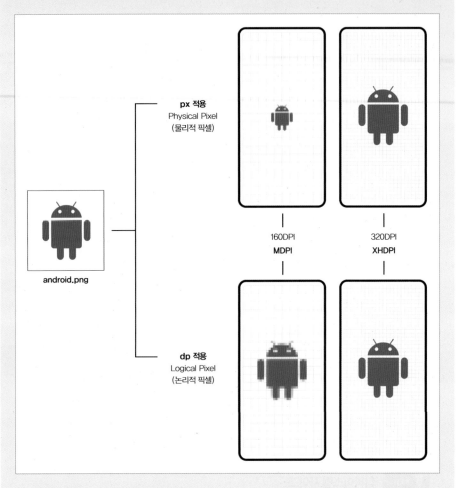

- dp : 안드로이드 기본 사이즈 단위입니다.
- sp : 안드로이드 텍스트에서 사용하는 단위입니다.
- pt : iOS 사이즈 단위로 dp와 같습니다.

iOS는 단위를 pt로 통일해서 사용합니다. 모든 기기에서 디자인이 동일하게 보이는 1x 사이즈에서 시작해서 2x, 3x로 늘려서 대응합니다.

일러스트레이션이나 아이콘 같은 경우 벡터인 svg 파일을 사용하여 적용하면 어떤 화면이든 깨지지 않고 깨끗하게 보입니다.

웹에서는 CSS가 px을 논리적인 픽셀로 인식합니다. 추가로 웹에는 em과 rem이라는 상대적인 단위가 따로 있습니다.

## 8px 그리드

디자인 에셋의 사이즈, 간격 및 모든 수치를 8단위로 맞추면 모든 디바이스에서 픽셀이 깨지지 않고 개발 친화적인 디자인을 할 수 있습니다. 그러므로 디자인 요소들의 사이즈는 8의 배수로 결정하는 게 좋습니다. 스크린 사이즈가 8bit를 기준으로 발전했기 때문에 8을 기본으로 해야 이미지가 깔끔하게 렌더링됩니다. 엄밀히 말해 px은 물리적 픽셀이기 때문에 8pt나 8dp로 표시해야 하지만 여기에선 익숙한 단위인 8px로 표시합니다.

> **잠깐** 👉 8bit(0 또는 1의 값을 가지는 데이터 단위) = 1byte(컴퓨터 기억장치의 크기를 나타내는 단위. bit가 여러 개 모인 것)

만약 5px 그리드라면 다음 그림처럼 1.5x 배율일 때 픽셀이 쪼개져서 끝이 흐릿하게 보이는 현상이 발생합니다. 하지만 4px 그리드라면 1.5x 배율에서도 이미지를 깔끔하게 내보낼 수 있습니다. 이 때문에 아이콘을 제공하는 주요 사이트는 기본 사이즈를 16, 24, 32, 64 등 8의 배수로 제공합니다. 8의 배수로만 디자인하면 단위가 너무 크기 때문에 4, 2 단위도 사용합니다.

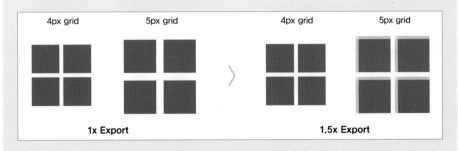

8px 그리드는 다음과 같은 디자인 요소에 적용할 수 있습니다.

- Font size
- Line height
- Padding
- Margin
- Radius
- Fixed width
- Fixed height

최근의 디바이스는 기본 ppi가 높기 때문에 8px 그리드를 꼭 지키지 않아도 깨져 보이는 경우가 드뭅니다. 다만 그런 때에도 짝수로 수치를 맞춰야 낮은 해상도에 대응이 가능합니다.

**Tip.** **8px 넛지**

[Preferences > Nudge amount]에서 방향키를 눌렀을 때 움직이는 수치를 조절할 수 있습니다. Small nudge는 방향키, Big nudge는 Shift +방향키입니다. Big nudge의 수치는 기본으로 되어있습니다. 8px로 변경하면 8px 그리드에 맞추기 편리합니다.

| Nudge amount | ✕ |
| --- | --- |
| Small nudge | Big nudge |
| 1 | 10 |

## 마진과 패딩

앞으로 예제를 만들면서 자주 나오는 용어입니다. 웹과 앱에서는 모든 요소가 박스 영역 안에 들어 있습니다. 도형, 텍스트, 이미지, 내비게이션처럼 이미 만들어놓은 UI 컴포넌트들도 모두 박스 영역 안에 들어 있는 요소입니다.

이들 콘텐츠와 선 사이의 간격은 패딩, 선과 다른 UI 요소 사이의 간격은 마진이라고 부릅니다. 앱에서 양옆 간격은 마진, 버튼에서 텍스트와 버튼이 눌리는 백그라운드 영역 사이의 간격은 패딩입니다.

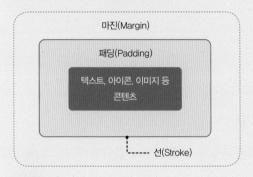

잠깐👉 작은 버튼은 패딩 영역을 키워서 터치 영역을 만들어줍니다. 일반적으로 터치 영역은 44×44 사이즈 이상을 권장합니다. 하지만 상황에 따라 그보다 작아지는 경우도 많습니다.

💡 Tip. 크롬 개발자 도구

크롬 브라우저에서 [마우스 오른쪽 클릭 > 검사]를 선택합니다. 기본으로 선택되어 있는 [Elements > Styles 탭]에서 현재 웹 페이지의 CSS를 확인할 수 있습니다. Styles의 최하단에서는 실시간으로 선택할 요소의 마진, 보더, 패딩, 콘텐츠의 값을 알 수 있습니다.

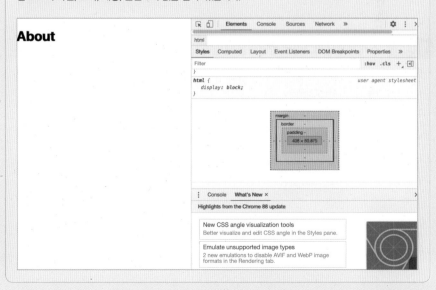

## Lesson 03 — 작업 전 환경 설정

### 스케치 프로젝트를 피그마로 옮기기

피그마 대시보드가 켜진 상태에서 스케치 파일을 드래그 앤 드롭하여 임포트할 수 있습니다.

스케치와 피그마가 아무리 비슷해도 스케치의 환경과 똑같이 가져오는 데는 무리가 있습니다. 벡터 그래픽이나 텍스트 같은 기본 형태는 유지되지만 컨스트레인트와 여러 이펙트는 수정해줘야 합니다. 특히 심벌 라이브러리가 있는 경우 스케치에서 라이브러리를 완벽하게 정리해서 가져오지 말고 파일을 피그마로 가져온 다음 라이브러리를 새로 지정하는 것이 편리합니다.

> 💡 **Tip.** 스케치에서 피그마로 변경했을 때 달라지는 사항
> - 스케치 아트보드 → 피그마 프레임
> - 스케치 그룹 → 피그마 프레임
> - 스케치 심벌 → 피그마 컴포넌트
> - 스케치 라이브러리는 파일로 관리 → 피그마 팀 라이브러리는 클라우드 공유
> - 컴포넌트를 라이브러리로 만들어 공유하려면 프로페셔널 이상의 유료 계정 사용
> - 스케치 컨스트레인트는 그룹 단위 → 피그마 컨스트레인트는 프레임 단위

## 폰트

UI 디자인에서는 각 OS의 시스템 폰트를 기반으로 디자인하는데, 안드로이드에서 한글은 Noto Sans CJK KR, 영문은 Roboto를 사용합니다. iOS에서 한글은 Apple SD Gothic Neo, 영문은 SF Pro Display를 사용합니다.

로컬 폰트를 사용하려면 윈도우 맥 앱을 설치합니다. 웹 브라우저에서 사용할 때 피그마에서 제공하는 Fonts installer를 설치해야 내 컴퓨터에 있는 폰트를 불러올 수 있습니다.

예제에서 외부 폰트를 사용했을 때는 예제 파일의 Style Guide에 링크를 첨부했습니다.

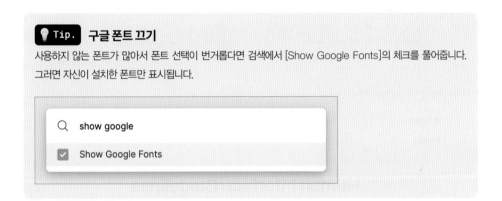

### 안드로이드와 iOS UI 템플릿 다운로드

안드로이드와 iOS에서 기본적으로 사용하는 상태바와 키보드 같은 UI를 네이티브 UI라고 합니다. 각각 Material Design System과 Apple Human Interface Guide 공식 홈페이지에서 다운로드할 수 있습니다. Material Design System 공식 홈페이지에서는 피그마뿐만 아니라 스케치, 어도비XD, 포토샵 파일을 모두 제공합니다. 안타깝게도 애플은 아직 공식 피그마 파일을 제공하지 않습니다. 대신 공식 스케치 파일을 임포트하여 사용할 수도 있고, 커뮤니티에서 유저들이 만든 iOS 디자인 시스템을 쉽게 찾을 수 있습니다. 그 외에 피그마 커뮤니티에 자주 사용하는 부분만 요약되어 있는 파일도 있으니 필요할 때 바로 활용하면 편리합니다. 이런 파일들은 예제를 진행하면서 알아봅니다.

▶ https://material.io/resources

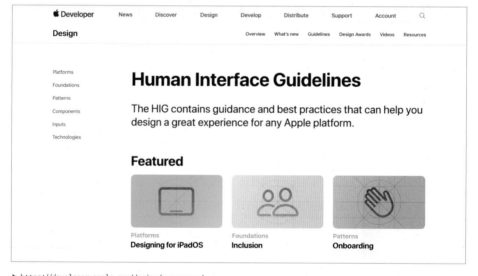

▶ https://developer.apple.com/design/resources/

## 기본 레이어 스타일 설정

피그마에서 파일을 열고 처음 단축키 R을 눌러 사각형을 만들면 진한 회색이 기본 색상으로 나옵니다. 이 색상이 마음에 안 들거나 기본 색상을 일일이 바꾸기 귀찮다면 [빠른 실행 > Set Default Properties]를 사용하여 기본 색상을 변경할 수 있습니다. 색상뿐만 아니라 투명도나 그림자 같은 이펙트도 지정할 수 있습니다.

다만 피그마 특성상 현재 열린 파일에서만 기본 속성으로 지정되며 피그마를 껐다가 다시 켜면 원래의 회색으로 돌아갑니다.


## 컬러 프로필 선택

브라우저에서는 sRGB만 사용 가능합니다. 데스크톱 앱에서는 더 넓은 색상 범위인 Unmanaged가 기본으로 선택되어 있습니다. 브라우저와 다른 디스플레이의 통일성을 맞추려면 더 범용적인 컬러 프로필인 sRGB로 선택하는 것도 좋은 방법입니다. 다음과 같이 Color Space에서 컬러 프로필을 sRGB로 변경한 후 피그마를 재시작합니다. 윈도우에서는 우측 상단 메뉴에서 찾을 수 있습니다.

잠깐👆 피그마에선 sRGB로만 에셋 Export가 가능합니다.

## 캔버스 컬러 선택

아무것도 선택하지 않은 상태에서 오른쪽의 디자인 사이드바를 살펴보면 백그라운드 컬러 패널이 보입니다. 원하는 색상으로 변경 가능하며 눈 아이콘을 클릭하여 아예 투명으로 할 수도 있습니다.

## Preference 설정

업데이트가 되지 않은 피그마의 경우 0~9 숫자키가 투명도가 아닌 줌 단계로 적용되는 경우가 있습니다. 이때는 [Preferences > Use number keys for opacity] 옵션을 체크합니다. 이외에도 Preference에서 자신의 선호에 맞는 옵션을 선택할 수 있습니다.

잠깐👉 필자는 마우스로 오브젝트의 사이즈를 바꿀 때 이미지가 뒤집어지는 기능이 싫어 Flip objects while resizing 옵션을 끄고 사용합니다.

Chapter

# 2

# 그래픽 스타일과 라이브러리

## Lesson 01

# 그래픽 스타일과 벡터

## 패널 기능 알아보기

### 프레임과 레이어

프레임 패널과 레이어 패널은 함께 사용됩니다.

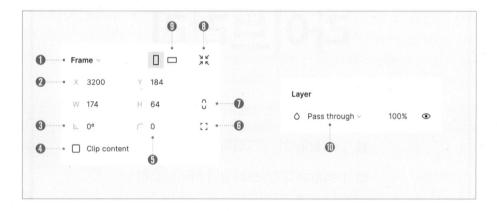

❶ **프레임 프리셋**: 아이폰, 안드로이드, 데스크톱 사이즈 등을 지정합니다. 프레임을 제어하는 기능 이외에는 레이어와 동일하게 사용 가능합니다.

❷ **위치와 사이즈**: 모든 프레임과 레이어에는 위칫값(X, Y)과 사이즈(Width, Height)가 있습니다.

❸ **Rotation**: 로테이션 각도를 지정합니다.

❹ **Clip content**: 이 옵션을 체크하면 레이어가 프레임에 걸쳐졌을 때 콘텐츠가 프레임에 맞게 잘려 보입니다.

❺ **Coner rounding**: 코너 라운딩 수치를 바꿉니다.

**❻ Independent corners**: 코너 라운딩 수치를 개별적으로 바꿀 수 있습니다. Corner smoothing이라는 iOS 전용 코너 Radius 옵션을 적용할 수 있습니다. iOS에서는 시각적으로 더 부드러워 보이기 위해 독자적인 Radius 계산식을 사용합니다.

**❼ Constraint proportions**: 사이즈 비율을 고정합니다.

**❽ Resize to fit**: 프레임 안의 레이어 사이즈에 맞게 프레임 사이즈가 줄어듭니다.

**❾ 뷰 변경**: 가로 모드(Landscape) 또는 세로 모드(Portrait)로 변경할 수 있습니다.

**❿ 레이어 옵션**: Multiply 등 이미지 합성 옵션을 변경할 수 있습니다. 프레임에도 적용 가능합니다.

피그마에서는 프레임도 일종의 레이어입니다. 프레임을 선택하고 전체 색상, 라운딩 등을 수정할 수 있습니다. 프레임 전체를 끌어서 다른 프레임 안에 넣으면 바로 그룹의 역할을 합니다.

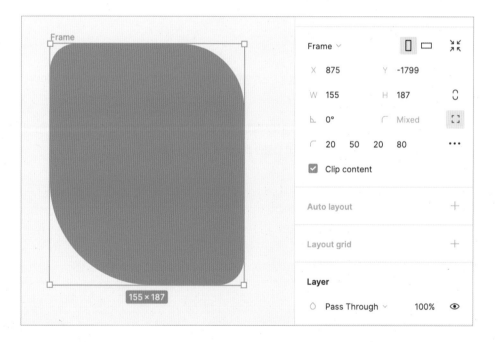

## 채우기

Fill을 채우기라고 표현합니다. 모든 디자인 요소의 색상과 투명도를 조절하는 패널입니다.

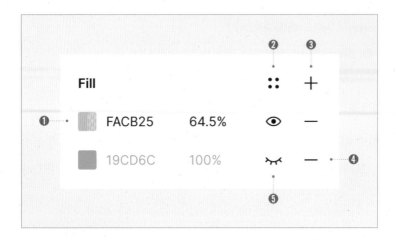

❶ 컬러칩: 선택하면 컬러 피커가 나타납니다.

❷ 컬러 스타일: 스타일을 저장하고 불러옵니다. 스타일을 지정한 모든 패널의 항상 같은 위치에서 이 아이콘을 찾을 수 있습니다.

❸ 컬러 추가: 한 레이어에 여러 색상을 겹쳐서 사용할 수 있습니다. 불투명도(Opacity)나 곱하기(Multiply) 등을 활용해 여러 레이어를 사용하지 않고 다양한 효과를 낼 수 있습니다.

❹ 삭제: 레이어 스타일을 지웁니다.

❺ 가리기: 레이어 스타일을 숨깁니다.

## 컬러 피커

채우기와 선의 컬러칩을 클릭하면 컬러 피커가 나타납니다.

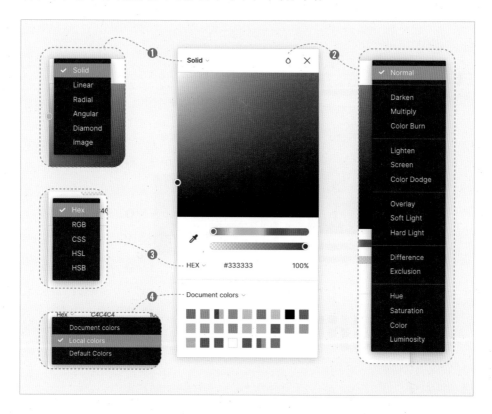

❶ **색상, 그라디언트, 이미지**: 일반 색상(Solid), 그라디언트(Linear, Radial, Angular, Diamond), 이미지
(Image)로 영역을 채울 수 있습니다.

❷ **레이어 합성 스타일**: 포토샵에서 레이어를 합성할 때 사용하는 Multiply 같은 옵션을 피그마에서도 사용할
수 있습니다.

❸ **컬러값 변경**: 6자리로 표현하며 웹에서 일반적으로 사용하는 Hex뿐만 아니라 RGB나 채도와 명도값 조절
이 편리한 HSL, HSB 색상 옵션을 제공합니다.

❹ **색상 구분**: Document colors에는 현재 문서에 있는 모든 색상이 표시됩니다. Local colors에는 스타일로
지정한 색상만 나타납니다. Default Colors는 필자가 라이브러리로 발행한 색상입니다. 스타일 지정과 라이
브러리 발행은 '스타일과 라이브러리' 절에서 알아봅니다.

## 그라디언트와 이미지

컬러 피커의 1번 위치를 클릭하면 그라디언트와 이미지로 Fill을 변경할 수 있습니다.

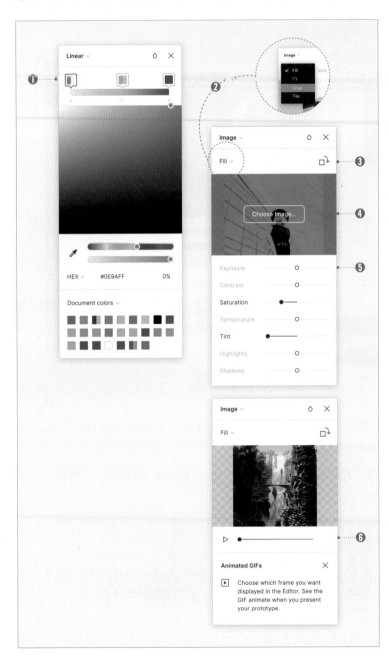

❶ 그라디언트 조절: 그라디언트의 위치와 색상, 투명도를 조정합니다.

❷ Fill: 이미지가 도형 안에 어떻게 위치하는지 선택합니다. Fill은 도형에 빈틈없이 이미지가 채워지고, Fit은 도형의 넓은 부분에 맞춰 이미지를 넣기 때문에 여백이 생깁니다. Crop은 이미지를 원하는 만큼 자르는 기능으로 자주 사용합니다.

> **💡 Tip.  이미지 크롭**
>
> 이미지를 선택한 뒤 `Ctrl/Command` 키를 누르고 드래그하면 바로 크롭할 수 있습니다.

❸ 회전: 이미지를 회전합니다.

❹ 미리보기: 마우스 오버하면 [Choose Image...] 버튼이 생기며 클릭하면 로컬 이미지를 불러옵니다.

❺ 색 조정: 포토샵을 사용하지 않고도 간단한 이미지 보정을 할 수 있습니다.

❻ GIF 슬라이드: 애니메이션 GIF를 삽입했을 때 영상의 시작 위치를 선택합니다. GIF는 프로토타입에서 재생됩니다.

## 텍스트

텍스트 옵션을 변경하는 패널입니다.

❶ 폰트: 구글 폰트를 기본으로 제공합니다.

❷ 두께와 크기: 폰트의 두께(Weight)와 크기(Size)를 조정합니다.

❸ 행간과 자간: 폰트의 행간은 줄글 사이의 간격, 자간은 글자 사이의 간격을 조정합니다.

❹ 문단 간격과 텍스트 박스 영역: 'Enter/Return'을 사용한 문장 사이의 간격을 조정합니다. 텍스트 박스를 문장의 너비나 지정한 박스로 지정할 수 있습니다.

❺ 텍스트 정렬 : 왼쪽, 중심, 오른쪽 정렬을 선택할 수 있습니다.

❻ 텍스트 박스 내 위치 : 텍스트 박스의 Height에서 텍스트 위치를 조정합니다.

❼ Type setting-Basic : 타입 세팅의 기본적인 부분을 조정할 수 있습니다. 특히 Resizing에서는 텍스트의
최대 길이에서 … 말 줄임이 되는 옵션을 지정할 수 있습니다.

❽ Type setting-Details : 영문을 모두 대문자, 소문자로 지정하는 등의 디테일한 조정이 가능합니다. 영문
서비스를 한다면 자주 쓰는 옵션입니다.

❾ Type setting-Variable : 가변 폰트(Variable font)의 두께와 기울기를 조정할 수 있습니다.

## 이펙트

피그마는 그림자, 내부 그림자, 블러, 백그라운드 블러 이펙트를 지원합니다.

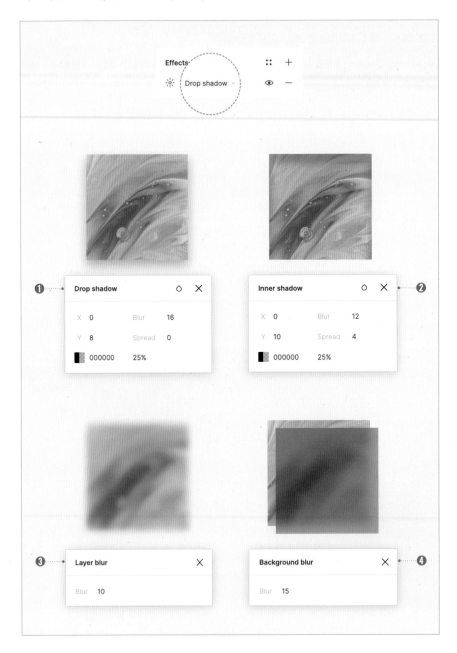

이펙트 패널의 셀렉트 박스를 선택하면 다음 네 가지 효과를 선택할 수 있습니다.

❶ Drop shadow: 많이 사용하는 효과입니다. 그림자를 표현할 수 있으며 중첩하여 더 현실감 있는 그림자를 표현할 수도 있습니다.

❷ Inner shadow: 내부에 그림자가 생기는 효과입니다.

❸ Layer blur: 레이어 전체가 번져 보이는 블러 효과입니다.

❹ Background blur: 이 효과는 이미지에 바로 백그라운드 블러를 적용하면 안 됩니다. 이미지 위에 색상 레이어를 겹치고 백그라운드 블러를 적용한 뒤 레이어의 Fill 투명도를 조절해주어야 합니다(레이어 전체 투명도가 아닌 Fill의 Opacity를 조절해야 합니다).

## 벡터

### 선

선도 채우기와 같은 패널 형식입니다.

❶ 컬러칩: 선 색을 지정합니다.

❷ 선: 선 두께를 지정합니다.

❸ 선 위치: 선 위치를 지정합니다. Inside, Center, Outside를 선택할 수 있습니다. CSS처럼 피그마에서도 기본은 Inside로 지정되어 있습니다. 도형이 아닌 끝이 연결되지 않은 선의 기본은 Center입니다.

❹ Cap: 선의 양 끝 스타일을 지정합니다. None과 달리 Square는 선의 두께만큼 끝이 덮여 있습니다.

❺ Stroke style: 기본 선 옵션을 점선으로 변경할 수 있습니다. Custom 옵션에서는 점과 간격을 더 자세하게 조절할 수 있습니다.

❻ Join: 선이 연결된 부분의 형태를 바꿀 수 있습니다.

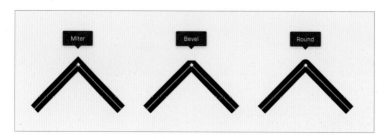

❼ Miter angle: 두 선을 합칠 때 모서리를 판단하는 각도를 설정할 수 있습니다. 예를 들어 마이터 앵글이 90°이면 90°보다 작은 앵글은 모서리를 다듬어 사각형으로 만들고, 90°보다 큰 앵글은 마이터 앵글(뾰족한 일반 각도)로 표시됩니다. 자주 사용하는 기능은 아니지만 알아둡시다.

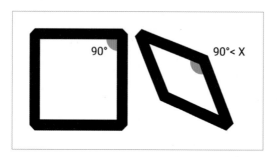

❽ Strokes per side: 사각형에 적용된 Stroke는 위치별로 조정이 가능합니다.

## 벡터 편집

`Enter / Return` 키를 눌러 벡터 편집 모드에 들어가면 나타나는 창입니다. 도형에 파란색 빗금이 생기면 벡터 편집 모드가 진행 중입니다. 더블클릭하거나 [Done] 버튼(❼)을 클릭하여 편집 모드에서 빠져나올 수 있습니다. 벡터 편집 모드에서 나타나는 파란 점을 앵커 포인트, 곡선일 때 앵커 포인트의 각도를 조절하는 손잡이를 앵커로 부릅니다.

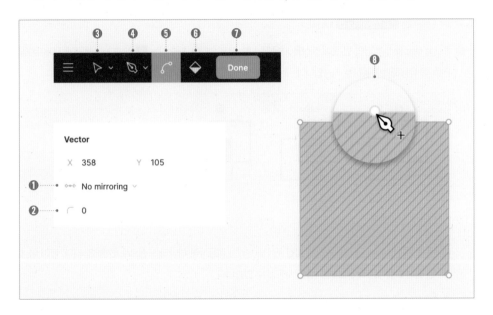

❶ 앵커 옵션: 기본은 No mirroring이며 Mirror angle은 한쪽 앵커만 잡아당겨도 반대쪽 앵커가 같은 각도로 움직입니다. Mirror angle and length는 각도와 길이 모두 똑같이 움직입니다. 아이콘을 세밀하게 조정할 때 유용하게 사용하는 옵션입니다.

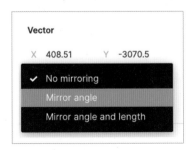

❷ Rounding: 도형 모서리의 둥근 정도를 지정합니다.

❸ Move: 벡터 전체나 앵커 포인트의 위치를 변경할 때 사용합니다.

❹ Pen: 앵커 포인트를 추가하거나 선택할 때 사용합니다. 펜 툴을 클릭한 뒤 앵커 포인트 사이의 선에 마우스 오버하면 +가 나타나는데, 클릭하면 새로운 앵커 포인트가 생깁니다(❽). 피그마에선 앵커 포인트의 중심에 + 앵커 포인트 가이드가 나타납니다. 아이콘은 보통 좌우나 상하 대칭 형태가 많기 때문에 이는 무척 편리한 기능입니다. 단축키는 P입니다. 연필 툴로 옵션을 바꾸면 더 자유로운 곡선을 그릴 수 있습니다.

❺ Bend: 각신 앵커 포인트를 부드럽게 만들거나 그 반대로 부드러운 앵커 포인트를 각지게 만들 때 사용합니다. 단축키는 Ctrl/Command 입니다.

❻ Paint bucket: 벡터의 빈 곳에 색상을 채우거나 뺄 수 있습니다. 단축키는 B 입니다. 그래픽이나 아이콘을 만들 때 유용하게 사용하는 기능입니다.

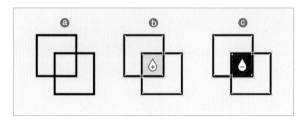

▶ 페인트 버킷 활용 방법

ⓐ 두 도형을 Boolean Union으로 합친 뒤 Flatten을 적용하여 하나의 도형으로 만들었습니다. 끝이 연결된 벡터 도형에는 페인트 버킷 툴을 사용할 수 있습니다.

ⓑ 페인트 버킷을 선택하고 빈 곳을 마우스 오버하면 커서가 +로 바뀝니다. 클릭하면 색상이 채워집니다.

ⓒ 채워진 색상 위로 마우스 오버하면 커서가 −로 바뀝니다. 다시 클릭하면 색상이 사라집니다.

❼ 모든 편집이 끝난 후 [Done] 버튼을 클릭하거나 Enter/Return 키를 눌러 벡터 편집 모드를 빠져나옵니다.

❽ 벡터 편집 중 Shift 키를 누르면 30˚ 단위로 Snap 됩니다. Option 키를 누르면 앵커 포인트를 지울 수 있습니다.

## 도형 편집

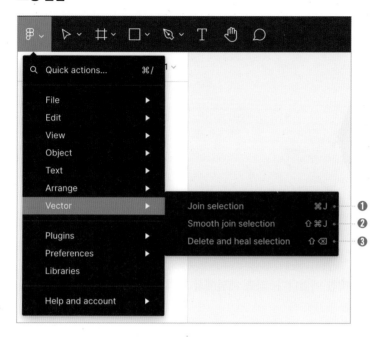

❶ Join selection: 두 개의 떨어져 있는 앵커 포인트를 연결합니다.

❷ Smooth join selection: 이전 커브가 베지에 커브(곡선)일 때 베지에 커브로 연결됩니다.

❸ Delete and heal selection: 앵커 포인트를 Delete 할 때 해당 앵커가 빠진 깨지지 않은 도형이 됩니다.

### 원형

원형을 선택하면 오른쪽 끝의 핸들을 잡고 각도를 조절할 수 있습니다. 중심에 생기는 핸들을 클릭 앤 드래그하면 원하는 두께의 호(Arc)를 만들기 편리합니다.

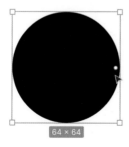
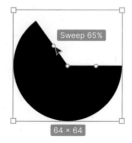

## 다각형

다음은 다각형의 Radius를 바꾼 예입니다. 좌측 패널에서 각의 개수와 각도를 바꿀 수
있으며, 흰 점을 클릭 드래그하여 각의 개수와 코너 라운딩을 바꿀 수 있습니다.

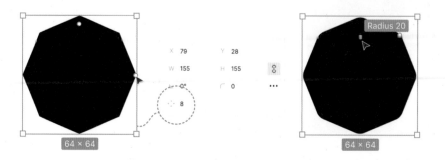

## 별

다음은 별 도형을 수정한 예입니다. 좌측 패널에서 각의 개수와 각도를 바꿀 수 있습
니다.

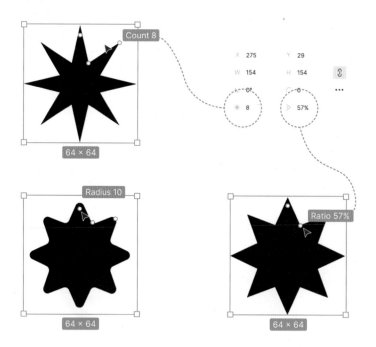

- 1:1 비율의 도형을 그리고 싶다면 `Shift` + 클릭 + 드래그합니다.
- 도형의 좌측 상단이 아닌 도형의 중앙에서부터 크기를 결정하고 싶다면 `Alt/Option` + 클릭 + 드래그합니다.
- 도형을 만드는 중에 위치를 변경하려면 `Spacebar` 를 누릅니다.

## 아웃라인

피그마에서 레이어가 어떻게 겹쳐 있는지 확인하고 싶을 때 아웃라인 기능을 활용하면 편리합니다. 피그마에서 만드는 모든 텍스트와 도형은 벡터이기 때문에 일러스트레이터처럼 아웃라인만 확인할 수 있습니다. 단축키도 일러스트레이터와 같습니다.

- 윈도우: `Ctrl` + `Y` 또는 `O`
- 맥: `Command` + `Y` 또는 `O`

# 스타일과 라이브러리

스타일은 피그마에서 오브젝트의 색상, 텍스트, 효과, 레이아웃 그리드 등 디자인할 수 있는 거의 모든 영역을 포함하는 용어입니다. 원하는 스타일을 저장하여 다른 오브젝트에 편하게 적용할 수 있습니다. 라이브러리로 발행하면 다른 파일에서도 사용할 수 있습니다. 스타일로 적용할 수 있는 항목은 다음과 같습니다.

- **색상**: Fill, Stroke, Background Color
- **텍스트**: Font Family, Size, Line Height, Spacing
- **이펙트**: Drop Shadow, Inner Shadow, Layer Blur, Background Blur
- **레이아웃 그리드**: Row, Column, Grid

피그마 파일을 열고 아무 레이어도 선택하지 않았을 때 오른쪽 그림처럼 오른쪽 패널에서 현재 저장된 로컬 스타일을 확인할 수 있습니다.

▶ 피그마 파일 로컬 스타일 예시

## 스타일 만들고 편집하기

기본적인 색상 스타일을 만들고 편집하는 방법을 알아보겠습니다.

**01** 스타일을 만들 오브젝트를 선택하고 오른쪽 사이드바에서 Fill의 컬러칩을 클릭합니다.

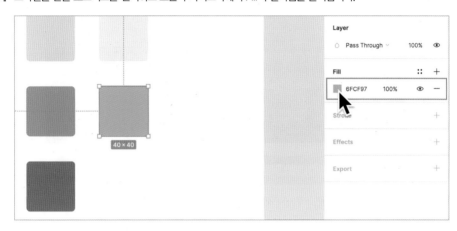

**02** 컬러 피커에서 Document colors는 현재 캔버스에 보이는 모든 색상 컬러칩을 보여줍니다. 스타일을 저장한 컬러는 Local colors에서 확인할 수 있습니다.

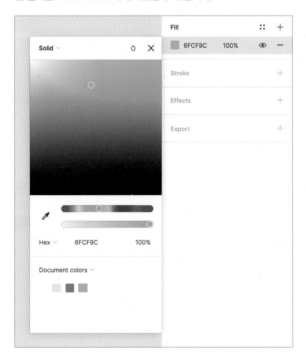

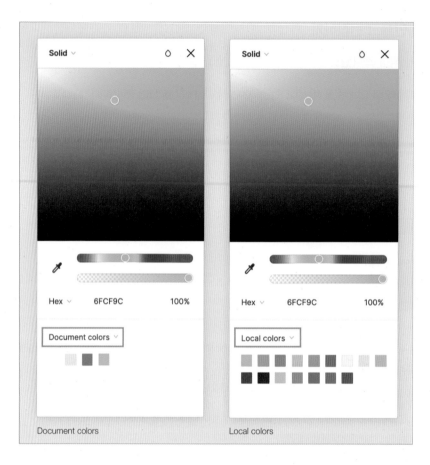

Document colors

Local colors

**03** 원하는 색상을 선택하고 Fill 패널의 [∷] 버튼을 클릭합니다. 이 모양의 아이콘은 모두 '스타일과 라이브러리'를 저장하고 관리하는 팝업이 뜹니다. 패널의 [+] 버튼을 클릭합니다. [+] 버튼에 마우스 커서를 올려두면 'Create style'이라는 툴팁이 뜨는 것을 볼 수 있습니다.

**04** 컬러 스타일 창이 뜨면 이름을 입력하고 [Create style] 버튼을 클릭합니다.

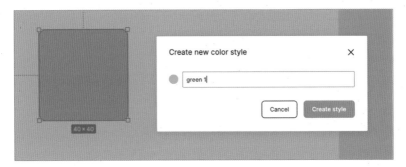

**05** 컬러 스타일이 저장된 걸 확인할 수 있습니다. 같은 방식으로 여러 색상을 지정할 수 있습니다.

**06** 정렬 아이콘을 클릭하면 보는 방식을 그리드 뷰와 리스트 뷰로 변경할 수 있습니다. 레이어를 선택한 상태에서 원하는 컬러 스타일을 클릭하면 컬러 스타일이 적용됩니다.

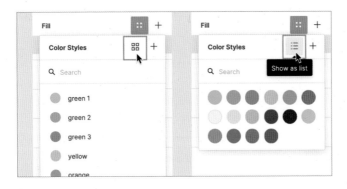

잠깐 👉 아이콘에 3초 이상 마우스 커서를 올려두면 툴팁이 나타납니다.

**07** 적용된 스타일 아이콘 옆의 [언링크] 버튼을 클릭하면 적용된 스타일이 일반 컬러값으로 바뀝니다.

## 그룹 스타일과 정렬

- 로컬 스타일에서 드래그 앤 드롭으로 스타일을 재정렬할 수 있습니다. 스타일을 만들면 알파벳 순서로 기본 정렬됩니다.

- 스타일명을 정할 때 'main/green-1'처럼 구분자를 사용하면 그룹이 만들어집니다.

- 스타일을 수정할 때는 스타일 위에 마우스를 올려 adjust 아이콘이 나타나면 클릭하거나 [마우스 오른쪽 클릭 > Edit Style]을 클릭합니다.

- [마우스 오른쪽 클릭 > Add new folder]를 클릭하면 필요한 스타일만 그룹으로 만들 수 있습니다.

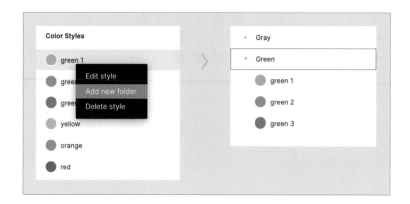

## 라이브러리로 발행

스타일을 공유하려면 팀 라이브러리로 발행해야 합니다. 무료 플랜에서는 팀 프로젝트에서 스타일을 공유할 수 있지만 컴포넌트는 공유할 수 없습니다. Professional, Organization 플랜에서는 컴포넌트도 공유할 수 있습니다.

**01** 좌측 사이드바의 에셋 패널을 열고 팀 라이브러리 아이콘을 클릭합니다. 또는 다음 단축키를 사용합니다.

- 윈도우: Alt + 3
- 맥: Option + 3

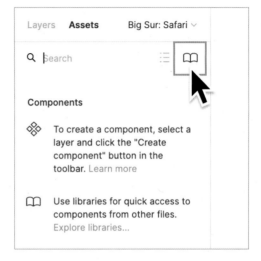

**02** Current file 영역에서 [Publish] 버튼을 누릅니다. 이미 발행한 스타일이 있다면 토글을 켜서 현재 파일로 가져올 수 있습니다.

현재 파일에서 발행한 스타일 ············
다른 파일에서 발행한 스타일 ············
팀/프로젝트에서 발행한 스타일 ············

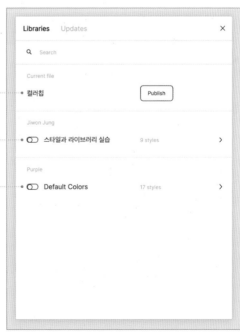

# 팀 라이브러리

Organization 플랜을 사용하면 팀에서 라이브러리를 공유하고 모든 멤버가 디자인 시스템 애널리틱스를 확인할 수 있습니다. 애널리틱스를 활용하여 디자인 시스템에서 발전시킬만한 사항들을 체크할 수 있습니다. 컴포넌트를 라이브러리로 운영하면 각 파일의 사이즈를 크게 줄일 수 있습니다.

▶ 라이브러리 팝업

## 팀 라이브러리에서 확인 가능한 요소

- 라이브러리에서 어떤 컴포넌트가 자주 사용되는지 찾기

- 컴포넌트에서 Detach되는 컴포넌트 확인: 기존 컴포넌트를 그대로 사용하기 어렵단 뜻이니 컴포넌트를 수정할 필요가 있음

- 콜라보레이터가 베리언트를 어떻게 사용하는지 확인

- 멤버들이 사용하지 않는 컴포넌트 확인

- 두 라이브러리 선택 비교

- 어떤 팀이 어떤 라이브러리를 사용하는지 확인

# [실습] 스타일을 저장하고 라이브러리로 발행하기 ☞ 실습 파일 : [실습] 스타일과 라이브러리

## 스타일 만들기

색상과 텍스트 스타일을 만드는 방법을 알아보겠습니다. 같은 방법으로 이펙트 스타일도 저장하여 사용할 수 있습니다.

**01** 실습 파일을 열어 만들어놓은 스타일을 확인합니다. 원하는 색상이나 텍스트를 새로 만들어도 좋습니다.

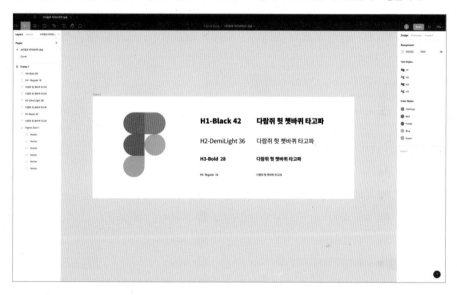

**02** 텍스트나 색상을 선택하고 오른쪽 사이드바에서 텍스트 패널 옆의 [::] 아이콘을 클릭합니다. 바로 아래의 [+] 버튼을 클릭하여 스타일을 추가합니다.

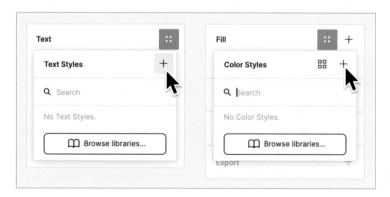

**03** 스타일명을 입력합니다.

**04** 선택한 텍스트나 색상에 스타일이 적용됩니다. 이제부터 리스트에서 스타일을 불러올 수 있습니다.

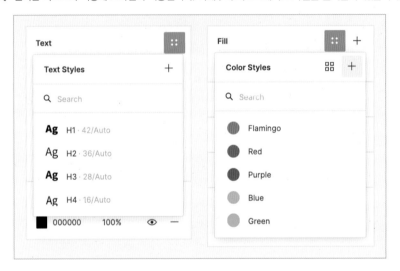

## 라이브러리 발행

라이브러리를 사용하여 현재 파일의 컴포넌트를 다른 파일에서도 사용할 수 있습니다. 디자인 시스템을 사용할 때 라이브러리 파일과 작업 파일을 따로 구분하여 사용할 수 있습니다.

**01** 에셋 패널 오른쪽에 있는 책 모양의 라이브러리 아이콘을 클릭하면 라이브러리 모달(팝업)이 나옵니다. [Publish] 버튼을 눌러 발행합니다.

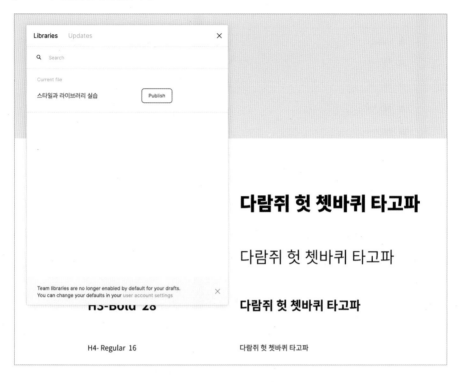

**02** 라이브러리 이름을 입력합니다. Styles and Components 옆의 화살표(>)를 클릭하면 발행되는 내용을 확인할 수 있습니다. [Publish styles] 버튼을 클릭합니다.

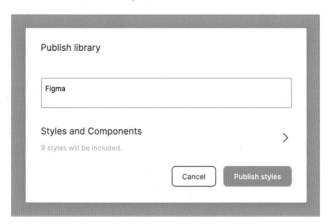

03 이제 다른 파일에서 스타일을 열어보면 라이브러리에서 만든 스타일을 확인할 수 있습니다. 라이브러리 파일에서 디자인을 변경하면 연결된 모든 파일에 반영됩니다.

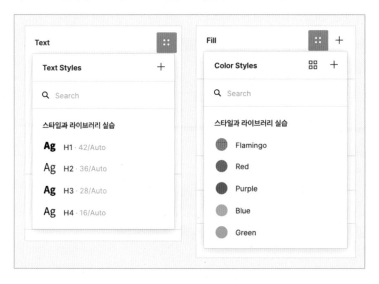

**💡 Tip.** **스타일 지정이 안 된 디자인 한 번에 변경하기**

디자인을 하다 보면 같은 색상이나 폰트를 한 번에 변경해야 할 일이 자주 생깁니다. 이때 [File > Edit > Select All with...] 메뉴에서 같은 속성의 레이어를 한 번에 선택할 수 있습니다.

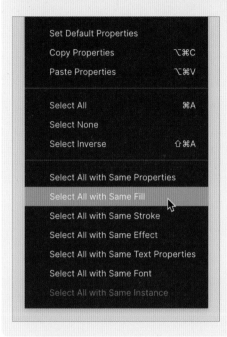

Chapter

# 3

# 정렬과 레이아웃

## Lesson 01

# 정렬을 편리하게: 스마트 셀렉션

## 스마트 셀렉션 만들기

스마트 셀렉션은 2개 이상의 오브젝트를 선택했을 때 정렬과 간격을 쉽게 조절할 수 있도록 하는 기능입니다. 같은 축으로 정렬되어 있거나 그리드 형식으로 되어 있을 때 스마트 셀렉션이 활성화됩니다. 원하는 오브젝트를 모두 선택하고 우측 디자인 패널에서 정렬 아이콘을 클릭합니다.

Distribute Vertically나 Distribute Horizontally를 이용해서 간격을 일정하게 만듭니다. 또는 Tidy Up as Grid를 클릭하면 바로 그리드 형태로 정렬됩니다.

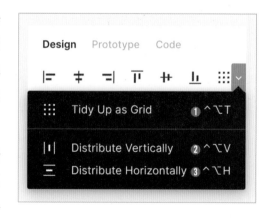

디자인 패널에서 간격을 수치로 조절할 수 있습니다. 오브젝트를 선택했을 때 우측 하단에 활성화된 아이콘을 클릭하면 빠르게 정렬할 수 있습니다.

자주색 간격 조절 선을 클릭 앤 드래그하면 간격을 조정할 수 있습니다. 오브젝트 중심의 원형 고리를 클릭하면 점이 됩니다. 이 점을 핸들이라고 부릅니다. 핸들을 선택하여 다른 오브젝트와 위치를 빠르게 바꿀 수 있습니다.

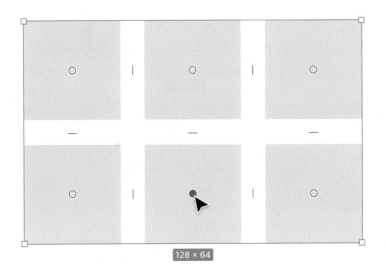

자주색 가이드 선에 마우스 커서를 올리면 상하좌우 스크러비 포인터가 나타납니다. 이 스크러비 포인터를 클릭하고 드래그하면 간격을 빠르게 조절할 수 있습니다.

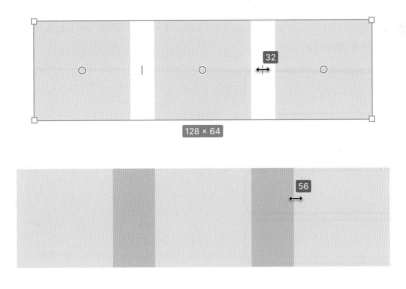

레이어를 선택한 상태에서 **Alt / Option** 키를 누르고 마우스를 다른 레이어 위로 올리면 간격의 수치를 알 수 있습니다.

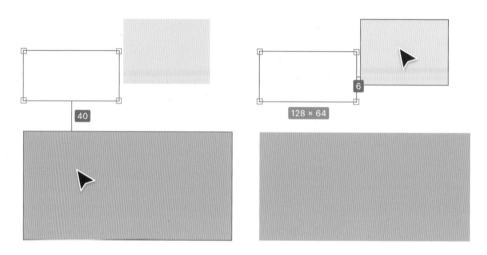

**잠깐 👉** 사이즈가 다른 오브젝트 간에 위치를 바꿀 때는 정렬이 어긋날 수 있습니다. 이때 **Ctrl / Command** 키를 누르며 오브젝트 위치를 바꾸면 정렬이 유지됩니다.

## [실습] 특정 셀렉션 리사이징

☞ **실습 파일: [실습] 스마트 셀렉션**

**01** 스마트 셀렉션이 활성화된 상태에서 원하는 셀렉션의 자주색 핸들을 클릭합니다. 선택할 리스트는 잘 보이도록 색상을 파란색으로 표시했습니다.

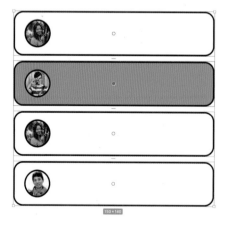

**02** `Ctrl / Command` 키를 누른 채로 드래그하면 해당 셀렉션만 늘어나거나 줄어듭니다.

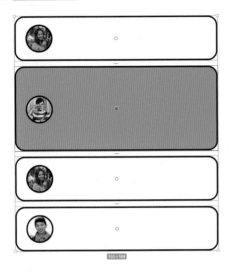

**03** 리사이징을 오브젝트의 중심에서 하고 싶다면 드래그할 때 `Alt / Option` 키를 누릅니다.

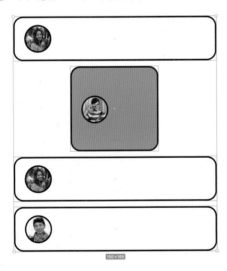

## [실습] 여러 셀렉션 리사이징

☞ 실습 파일 : [실습] 스마트 셀렉션

**01** `Shift` 키를 누른 채로 핸들을 클릭하면 여러 핸들을 동시에 선택할 수 있습니다.

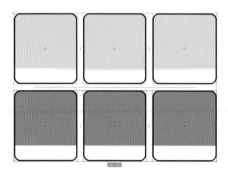

**02** `Ctrl / Command` 키를 누른 상태에서 드래그하면 여러 셀렉션의 사이즈가 동시에 변경됩니다. 가로 열의 셀렉션을 한 번에 선택하려면 원하는 열의 핸들을 더블클릭합니다. 가로 열에 얼마나 많은 셀렉션이 있든 한 번에 선택됩니다.

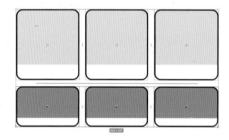

## [실습] 오브젝트 복제

☞ 실습 파일 : [실습] 스마트 셀렉션

스마트 셀렉션이 활성화된 상태에서 오브젝트를 복제할 수 있습니다. X축 또는 Y축 옆에 복제되며 그리드는 아래에 복제됩니다.

**01** 첫 번째 박스를 복제하면 오른쪽 옆에 새로운 박스가 나타납니다. 복제 단축키는 다음과 같습니다.

- 윈도우: `Ctrl` + `D`
- 맥: `Command` + `D`

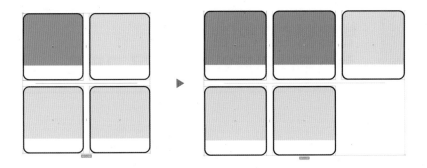

**02** 다음은 Y축으로 정렬된 스마트 셀렉션입니다. 2번째 박스를 복제하면 Y축 하단에 나타납니다.

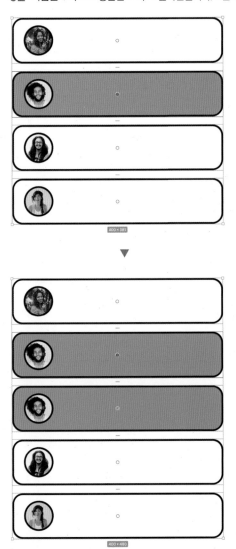

# 반응형 디자인을 위한 콘스트레인트와 레이아웃 그리드

## 콘스트레인트

콘스트레인트는 어떤 오브젝트의 위칫값을 상하좌우에 '강제'로 고정하는 기능입니다. 콘스트레인트를 테스트해보려면 프레임 안에 아무 도형을 추가하고, 프레임의 사이즈를 바꾸어보면 됩니다. 프레임은 부모, 오브젝트는 자식 요소이며 부모가 움직일 때 자식이 영향을 받습니다.

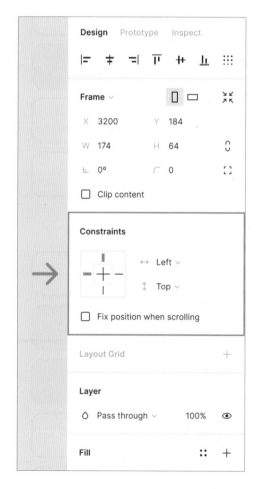

바깥쪽의 선을 클릭하면 오브젝트를 각각 Top, Right, Bottom, Left 방향에 고정시킬 수 있습니다. 피그마에선 기본적으로 left, top에 고정되어 있습니다.

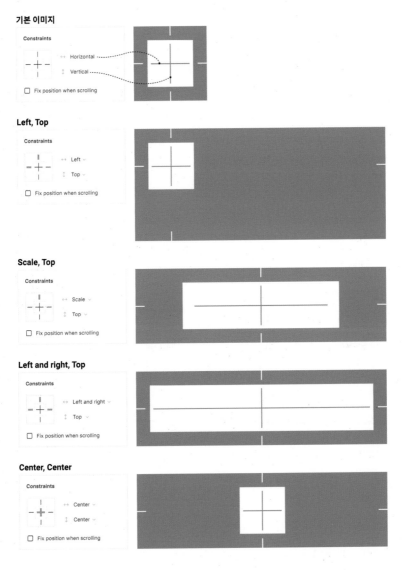

Fix position when scrolling을 체크하면 스크롤해도 오브젝트가 같은 위치에 고정됩니다.

잠깐 👆 콘스트레인트 옵션을 정할 때 고정 방향을 1개 이상 선택하려면 Shift 키를 누릅니다.

## 수평(Horizontal) 옵션

콘스트레인트 패널에는 수평, 수직별로 5가지 옵션이 있습니다. 다음은 수평 옵션입니다.

- Left: 프레임의 왼쪽에 오브젝트의 위치를 고정합니다.
- Right: 프레임의 오른쪽에 오브젝트의 위치를 고정합니다.
- Left and right: 오브젝트의 사이즈와 위치를 좌우 프레임에 상대적으로 고정합니다. 오브젝트가 X축을 따라 늘었다 줄었다 합니다.
- Center: X축 센터에 오브젝트의 위치를 고정합니다.
- Scale: 프레임의 사이즈에 따라 오브젝트의 비율과 사이즈가 결정됩니다. 예를 들어 프레임의 width가 100px, 오브젝트의 width가 70px일 때 프레임 width가 200px이 되면 오브젝트의 width는 140px이 됩니다.

## 수직(Vertical) 옵션

수평 옵션과 위치만 다를 뿐 기능은 같습니다.

- Top: 프레임의 위쪽에 오브젝트의 위치를 고정합니다.
- Bottom: 프레임의 아래쪽에 오브젝트의 위치를 고정합니다.
- Top and bottom: 오브젝트의 사이즈와 위치를 상하 프레임에 상대적으로 고정합니다. 오브젝트가 Y축을 따라 늘었다 줄었다 합니다.
- Center: Y축 센터에 오브젝트의 위치를 고정합니다.
- Scale: 프레임의 사이즈 따라 오브젝트의 비율과 사이즈가 결정됩니다.

**잠깐 👆** 그룹에 콘스트레인트를 적용하면 그룹에 포함된 오브젝트에 자동 적용됩니다.

## 콘스트레인트 무시하기

적용된 콘스트레인트를 해제하지 않고 콘스트레인트를 적용하지 않은 상태로 사이즈를 변경하고 싶을 때는 다음 단축키를 사용합니다.

- 윈도우: **Ctrl** 키 누르면서 리사이즈
- 맥: **Command** 키 누르면서 리사이즈

# [실습] 레이아웃 그리드

☞ 실습 파일: [실습] 콘스트레인트 & 레이아웃 그리드

그리드는 프레임 내부에서 오브젝트 정렬을 도와주는 도구이기 때문에 콘스트레인트 기능과 함께 사용하면 시너지 효과를 낼 수 있습니다. 두 옵션을 잘 맞추면 프레임 사이즈에 맞는 유연한 레이아웃을 만드는 데 도움이 됩니다. 레이아웃 그리드의 장점은 다음과 같습니다.

- 다양한 플랫폼 사이에 통일성을 줍니다.
- 레이아웃을 판단할 때 선택지와 시간을 줄여줍니다.
- 갤러리, 아이콘, 전체 페이지 등 여러 레이아웃을 기술적으로 지원합니다.

레이아웃 단축키는 자주 사용하므로 외워두면 편리합니다.

- 윈도우: **Shift** + **G**
- 맥: **Shift** + **G**

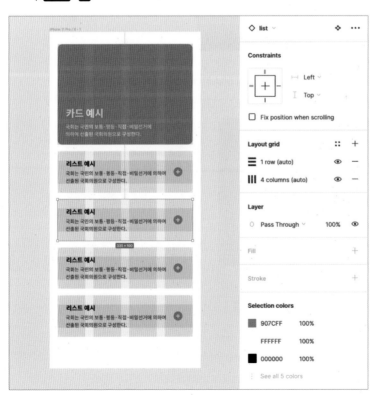

## 레이아웃 그리드 적용하기

**01** 컴포넌트에 레이아웃 그리드를 적용하려면 먼저 컴포넌트를 프레임으로 감싸줍니다. 디자인 영역을 Ctrl / Command + G 로 그룹을 만든 다음 프레임으로 속성을 변경합니다.

**02** 프레임을 선택한 상태에서 오른쪽 패널에서 Layout grid 의 [+] 버튼을 클릭합니다.

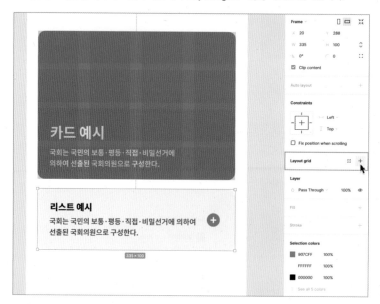

**03** 10px 그리드가 기본으로 적용됩니다.

**04** 카드와 같은 Columns 그리드를 적용하고, 텍스트가 들어갈 영역으로 Rows 그리드를 적용합니다.

## 레이아웃 스타일

**01** 프레임을 선택하고 레이아웃 그리드 패널의 스타일 [::] 아이콘을 클릭합니다.

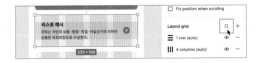

**02** 레이아웃 그리드 스타일을 원하는 이름으로 저장합니다.

**03** 이제 레이아웃 그리드 스타일이 만들어졌습니다. [프레임 선택 > 스타일 [::] 아이콘 선택 > 레이아웃 그리드 스타일 선택]을 하여 원하는 모든 프레임에 방금 저장한 레이아웃 그리드를 적용할 수 있습니다.

## 콘스트레인트와 레이아웃 그리드 함께 활용하기

레이아웃 그리드 옵션에서 Stretch와 Top, Bottom, Center에 고정하는 Fixed 옵션을 선택할 수 있습니다. Stretch를 선택하면 레이아웃을 균등하게 어떻게 나눌지 알 수 있고, 다른 고정 옵션을 선택하면 모바일 뷰 레이아웃 위치를 확인할 수 있습니다. 레이아웃 그리드를 켠 상태에서 모바일 프레임을 선택하고 너비를 조절하여 확인해보세요.

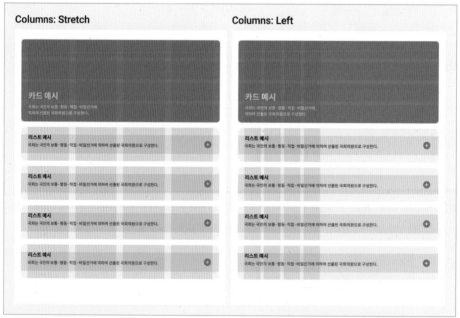

Chapter

# 4

# 리소스, 컴포넌트,
# 오토레이아웃

# 리소스 - 컴포넌트, 플러그인, 위젯

## 리소스

리소스는 피그마에서 반복적으로 사용하는 컴포넌트와 플러그인, 위젯을 모아놓은 영역입니다. 특히 플러그인과 위젯에는 디자이너뿐만 아니라 디자이너와 협업하는 기획자, 개발자에게도 도움이 되는 툴이 모여 있습니다.

## 컴포넌트

기존에 Shift + I 단축키로 접근해야 했던 컴포넌트 팝업이 리소스로 통합되었습니다.

### 개별 컴포넌트 만들기

**01** 원하는 레이어나 프레임을 선택합니다.

**02** 다음 세 가지 방법으로 컴포넌트를 만들 수 있습니다.

- 툴바의 Create component 아이콘(❖)을 클릭합니다.

- 선택한 요소 위에서 [마우스 오른쪽 클릭 > Create component]를 선택합니다.
- 단축키를 사용합니다.
  - 윈도우: Alt + Ctrl + K
  - 맥: Option + Command + K

컴포넌트는 레이어 프레임이 보라색으로 바뀌고 레이어명 앞에 ❖가 표시됩니다.

**03** Assets 탭에서 컴포넌트를 검색하여 드래그 앤 드롭으로 끌어올 수 있습니다.

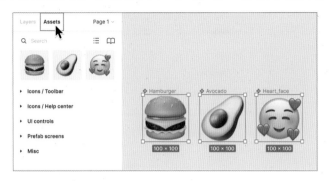

잠깐👆 **Shift** + **I** 를 사용하면 컴포넌트 패널이 팝업으로 뜹니다.

**04** 우측 사이드바에서 컴포넌트에 대한 설명과 도큐먼테이션 링크를 등록할 수 있습니다.

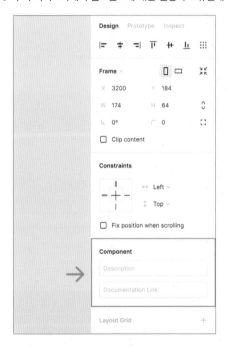

**05** 메인 컴포넌트를 복제하면 인스턴스가 됩니다. 컴포넌트를 수정하면 인스턴스에 바로 반영됩니다. 컴포넌트 레이어는 ❖, 인스턴스는 ◇ 아이콘으로 표시됩니다.

**06** 컴포넌트 패널에서 인스턴스 이름을 클릭하여 다른 인스턴스로 바로 변경할 수 있습니다.

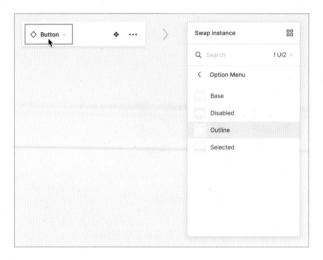

**07** 인스턴스 패널 옆의 컴포넌트(❖) 버튼을 클릭하면 메인 컴포넌트로 이동합니다.

**08** 메인 컴포넌트를 삭제하고 인스턴스가 남아 있다면 패널에 [Restore Component] 버튼이 나타납니다. 클릭하면 삭제된 메인 컴포넌트가 다시 살아납니다.

## 한 번에 여러 컴포넌트 만들기

**01** 원하는 오브젝트를 모두 선택합니다.

**02** ❖ 버튼 옆의 드롭다운 아이콘(˅)을 클릭합니다.

**03** [Create multiple components]를 선택합니다.

**04** 아이콘같이 여러 프레임을 한 번에 컴포넌트 그룹으로 만들고 싶다면 [Create component set]을 선택합니다. 만들어진 컴포넌트가 이후에 배울 베리언츠로 묶이게 됩니다.

## 인스턴스 수정과 오버라이드

피그마 컴포넌트는 일일이 컴포넌트를 깨지 않고 인스턴스의 디자인을 변경할 수 있습니다. 오버라이드는 컴포넌트의 정보를 인스턴스에 적용하는 걸 말합니다.

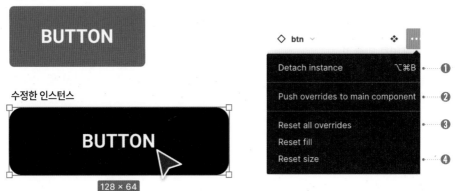

① Detach instance: 인스턴스를 컴포넌트와 분리합니다.

② Push overrides to main component: 인스턴스에서 수정한 데이터(컬러, 텍스트 등)를 메인 컴포넌트의 데이터로 교체합니다.

③ Reset all overrides: 인스턴스의 모든 변경 사항을 기존 컴포넌트대로 되돌립니다. 툴바의 첫 번째 아이콘과 같은 기능입니다.

④ Reset property: 피그마에선 개별 속성만 되돌릴 수 있습니다. 예제 버튼에선 색상과 사이즈를 변경했기 때문에 Reset fill, Reset size 옵션이 생겼습니다.

## [실습] 컴포넌트로 UI 구성하고 라이브러리 만들기     ☞ 실습 파일: [실습] 컴포넌트

컴포넌트로 반복되는 요소인 리스트를 만들고 변경해보도록 하겠습니다. 아바타 사진과 아이콘은 Content Reel 플러그인을 활용했습니다.

컴포넌트를 만드는 방법은 다음과 같습니다.

**01** 상단 툴바에서 ❖ 버튼을 클릭합니다.

**02** 컴포넌트 단축키는 다음과 같습니다.

- 윈도우: `Alt` + `Ctrl` + `K`

- 맥: `Option` + `Command` + `K`

## 리스트 컴포넌트 만들기

**01** 단축키 `O` 로 원형을 만들고 선택합니다. Content Reel 플러그인의 Avatars를 클릭하여 사진을 넣습니다. 아바타를 컴포넌트로 지정합니다.

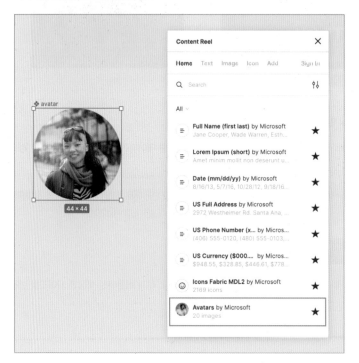

**02** 리스트의 끝에 들어갈 아이콘을 24×24 프레임 안에 만들어줍니다. 아이콘이 없을 때 필요한 빈 프레임까지 모두 컴포넌트로 만들어줍니다. 이름 은 각각 ic/more, ic/arrow, ic/none으로 지정 합니다. ic는 icon의 약자입니다.

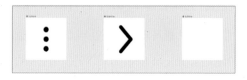

**03** 새로운 프레임을 만들고 아바타, 텍스트, 아이콘을 정렬합니다. 이메일은 Content Reel 플러그인의 Email을 활용하여 랜덤한 이메일을 불러옵니다. 전체를 컴포넌트로 만들고 이름을 list로 변경합니다.

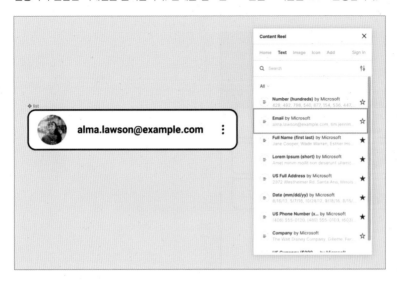

**04** 새로운 프레임을 만들고 Asset 탭에서 리스트 컴포넌트를 드래그 앤 드롭으로 가져옵니다.

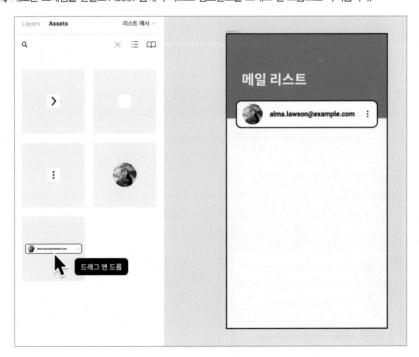

**05** 리스트를 선택하고 `Ctrl/Command` + `D` 키를 반복하여 복제합니다. Content reel을 활용하여 복제한 컴포넌트의 사진과 이메일을 한 번에 선택하여 변경합니다.

**06** 리스트 컴포넌트 안의 ic/more 아이콘을 ic/arrow나 ic/none 아이콘으로 변경할 수 있습니다.

## 컴포넌트 라이브러리로 발행하기

01 툴바에서 이름 옆의 드롭다운 아이콘을 클릭하여 [Publish styles and components]를 선택합니다.

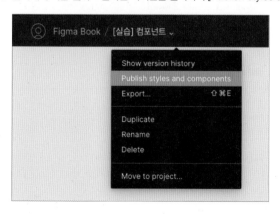

**02** 현재 파일의 컴포넌트가 선택된 모달이 나타납니다. 원하는 컴포넌트만 발행할 수 있습니다. 이제 [Publish] 버튼을 클릭합니다.

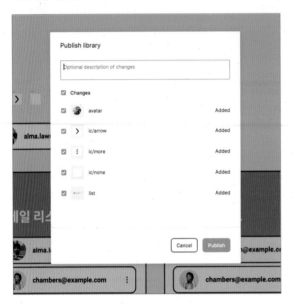

**03** 발행한 뒤에는 현재 파일이나 다른 파일에서 원하는 라이브러리 컴포넌트를 가져올 수 있습니다.

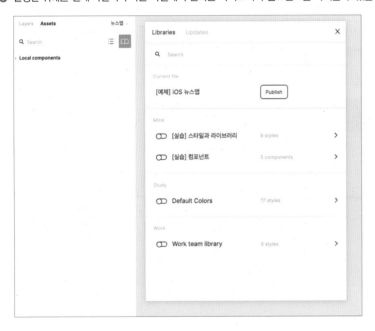

**04** 원본 파일의 컴포넌트를 수정하면 오른쪽 하단에 변경 사항을 발행할지 묻는 창이 뜹니다. [Publish]를 눌러 변경 사항을 모든 연결된 컴포넌트에 적용할 수 있습니다.

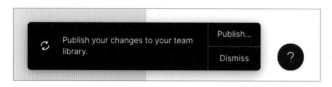

잠깐 👆 컴포넌트 창 단축키는 **Shift** + **I** 입니다. 컴포넌트 Swap 단축키는 변경을 원하는 컴포넌트 선택 후 **Alt/Option** + **Enter/Return** 키 입력(또는 드래그 앤 드롭)입니다. 이 두 단축키를 활용하여 빠르게 컴포넌트를 추가하고 바꿀 수 있습니다.

## 플러그인

같은 탭으로 구분된 위젯도 일종의 플러그인이므로 리소스 안에 포함되었습니다. 리소스 툴을 실행하면 가장 최근에 사용한 플러그인이 나옵니다. 키워드 검색 시 내가 설치한 플러그인뿐만 아니라 커뮤니티의 플러그인도 바로 설치해서 써볼 수 있습니다.

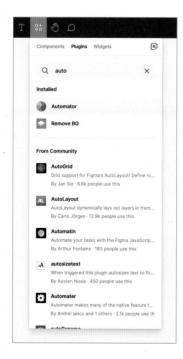
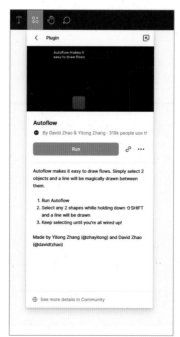

## 위젯

위젯은 피그마를 새로운 협업 공간으로 만들어주는 기능입니다. 플러그인은 팝업으로만 제공되었지만 위젯은 캔버스에 직접 가져와 사용할 수 있는 다양한 툴입니다.

기존엔 온라인 화이트보드인 피그잼에서 활용되었으나 이제는 피그마에도 통합되었습니다. 피그마 커뮤니티에 유저들이 올린 다양한 기능을 활용할 수 있습니다. 플러그인처럼 위젯 API를 제공하여 팀을 위한 위젯을 제작할 수 있습니다. Contrast Checker 같은 실제 디자인 워크플로우에 도움 될만한 기능과 포켓몬 카드 같은 개발자들의 문화를 가져온 흥미로운 위젯이 있습니다. 아래는 업무에 활용하면 좋을 만한 위젯 목록입니다.

## Figma 공식 위젯

- 지라(Jira)

- 아사나(Asana)

- 보이스메모(Voice Memo)

- 깃허브(GitHub)

이미 팀에서 위의 협업 툴을 쓰고 있다면 피그마 위젯을 활용하여 시간을 줄일 수 있습니다. Voice Memo는 당장 미팅이 불가능한 상황이거나 시차가 있는 팀원과 업무를 할 때 간단한 회의록을 남기기에 좋습니다.

## 커뮤니티 위젯

- Constrast Checker

    이전에 가독성 체크를 할 때 플러그인으로 일일이 체크하고 Pass, Fail을 다시 적어서 컬러 가이드를 만들었습니다. 이 위젯으로 많은 시간을 줄일 수 있어 기대가 됩니다. 다만 아직 흰색 배경 위의 색상 체크만 지원하는 아쉬움이 있습니다.

- **Notion Ticket**

  노션을 협업 툴로 쓸 때 활용하기 좋은 위젯입니다.

- **Sticky Note**

  심플한 노트입니다. 개발자에게 디자인에 대한 설명을 남길 때 프레임을 따로 만드는 대신 이 위젯을 사용하면 좀 더 깔끔합니다. 또 레이어 패널에서 따로 관리하기 편리합니다.

- **ChangeLog**

  디자인 변경 사항에 대한 관리가 필요했다면 써볼 만한 위젯입니다.

- **Simple Vote**

  온라인 회의가 많은 팀에서 UX/UI를 결정할 때 활용하기 좋은 위젯입니다.

# Lesson 02

# 블록처럼 UI를 구성하는 오토레이아웃

## 오토레이아웃

오토레이아웃은 말 그대로 디자인 에셋의 레이아웃을 자동으로 조절하여 정렬을 도와주는 기능입니다. 카드 UI의 정렬을 Y축이나 X축으로 바로 변경하거나 버튼의 패딩 영역을 조절할 때 편리합니다.

오토레이아웃은 프레임과 컴포넌트에 추가할 수 있는 속성입니다. 내용이 변하면 그에 따라 디자인이 늘어나거나 딱 맞게 줄어들도록 도와줍니다. CSS로 따지면 플렉스 박스와 같은 기능이며 반응형 디자인을 만들 때 활용하기 좋습니다.

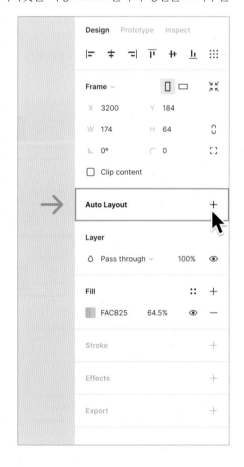

- 단축키: Shift + A
- 프레임이나 오브젝트 선택 후 [마우스 오른쪽 클릭 > Add Auto Layout]
- 오른쪽 사이드바의 Auto Layout 패널 옆의 [+] 버튼 클릭

잠깐 👉 오토레이아웃은 프레임에 적용됩니다. 프레임이 아닌 오브젝트를 선택하면 피그마는 그 위에 오토레이아웃 프레임을 생성합니다.

다음은 오토레이아웃 패널에 대한 설명입니다.

❶ 방향: 오브젝트를 추가, 제거, 정렬할 방향을 지정합니다.

- 수직 아이콘(↓)은 Y축을 따라 오브젝트를 추가, 제거, 정렬합니다. 리스트나 뉴스피드 안의 포스트 형태를 만들 때 적합합니다.

- 수평 아이콘(→)은 X축을 따라 오브젝트를 추가, 제거, 정렬합니다. 태그나 내비게이션바의 아이콘 등에 적합합니다.

  잠깐👆 오토레이아웃을 오토레이아웃으로 다시 감쌀 수 있습니다. 오토레이아웃 프레임을 다른 오토레이아웃 프레임으로 드래그 앤 드롭 해보세요. 영역이 바로 늘어나는 걸 확인할 수 있습니다. 또한 오토레이아웃 내부 콘텐츠를 Ctrl/Command + D 로 복제하면 간격을 유지하며 프레임이 늘어나는 걸 확인할 수 있습니다.

❷ 간격: 오토레이아웃 프레임 안의 요소 간의 간격을 일정하게 떨어뜨립니다.

❸ 정렬: 콘텐츠가 그리드에 위치하는 방향과 정렬을 조정할 수 있습니다.

❹ 패딩 컨트롤: 패딩 컨트롤은 오토레이아웃 프레임 가장자리와 자식 오브젝트 사이의 투명한 영역을 지정합니다. 패딩 컨트롤은 일정한 간격으로도 top, right, bottom, left를 각기 다르게 지정할 수 있습니다.

오토레이아웃을 선택하면 스마트 셀렉션과 비슷한 캔버스 컨트롤 UI가 나타납니다. 패딩 영역을 드래그하거나 원하는 영역의 수치를 입력하여 바로 수정할 수 있습니다.

- Shift 키를 누르며 핸들을 드래그하면 큰 넛지값(기본 10)을 기준으로 수치가 바뀝니다.

- Option 키를 누르며 핸들을 드래그하면 반대쪽(왼쪽을 선택했다면 오른쪽)도 같이 움직입니다.

- Shift + Option 키를 누르며 핸들을 드래그하면 모든 방향의 패딩값을 한 번에 변경할 수 있습니다.

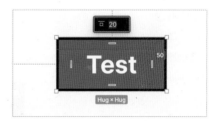

---

💡 Tip. 패딩 CSS

Ctrl/Command 키를 누른 채로 패딩 컨트롤 숫자 입력창의 아무 곳이나 클릭하면 숫자 입력창이 하나로 합쳐집니다. CSS 코드처럼 패딩 필드에 1, 2, 3, 4(1: top, 2: right, 3: bottom, 4: left)를 수치로 바로 적용할 수 있습니다. 1, 2(1: top/bottom, 2: left/right)도 지원합니다.

---

잠깐👆 Tap 키를 누르면 top, right, bottom, left 텍스트 필드를 빠르게 오갈 수 있습니다.

❺ Advanced layout: 옵션 아이콘을 클릭하여 더 많은 오토레이아웃 옵션을 설정할 수 있습니다.

❻ **Spacing mode**: 콘텐츠가 분산(Distribution)되는 방식을 고릅니다. 기본 옵션인 Packed와 Space between 중에서 선택할 수 있습니다. 말 그대로 Packed는 한 위치에 몰려있고 Space between은 프레임의 양 끝단에 맞춰 정렬됩니다.

❼ **Strokes**: 선의 두께를 패딩 영역과 따로 구분하고 싶다면 Included in layout, 선 두께를 패딩에 포함하고 싶다면 Excluded from layout을 선택합니다.

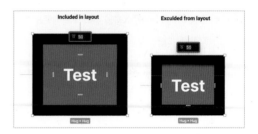

❽ **Canvas stacking**: 오토레이아웃 내에서 콘텐츠가 겹칠 때 순서를 정할 수 있습니다. 왼쪽부터 첫 번째가 맨 위에 간다면 First on top, 마지막이 위에 간다면 Last on top입니다.

❾ **Text baseline alignment**: 기본은 콘텐츠의 프레임에 맞게 중심이 정렬되지만, 텍스트의 베이스라인에 맞게 정렬할 수 있습니다.

## 리사이징

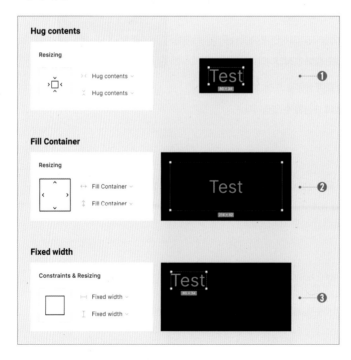

❶ Hug contents: 콘텐츠 사이즈만큼 프레임이 줄어듭니다.

❷ Fill Container: 오토레이아웃이 중첩되어 있을 때 자식 오토레이아웃 프레임에만 적용할 수 있습니다. 부모 컨테이너 프레임에 맞춰 사이즈가 조정됩니다.

❸ Fixed width / height: 고정된 콘텐츠 사이즈가 유지됩니다.

## 절대적 위칫값

절대적 위칫값(Absolute position)은 CSS 개념으로 문서 전체를 기준으로 하는 위치입니다. 오토레이아웃 프레임은 콘텐츠의 위치와 사이즈가 오토레이아웃 프레임에 따라 정해집니다. Absolute position은 특정 레이어만 오토레이아웃이 정하는 위칫값을 벗어나고 싶을 때 사용합니다.

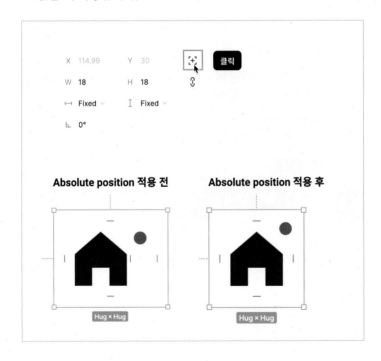

# [실습] 오토레이아웃

☞ 실습 파일: [개정판 실습] 오토레이아웃

## 버튼

**01** 오토레이아웃을 활용하면 버튼을 쉽게 만들 수 있습니다. 텍스트를 쓰고 단축키 **Shift** + **A** 를 누릅니다. 기본 오토레이아웃 설정은 패딩 수치가 10입니다.

**02** 정렬을 Center로 옮기고 위아래 패딩 수치를 변경합니다.

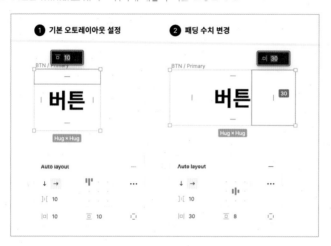

**03** 버튼의 배경과 텍스트 색상을 변경합니다. 버튼 텍스트를 변경하면 자동으로 패딩이 유지되며 버튼 길이가 늘어납니다.

**04** Iconify 플러그인을 사용하여 아이콘을 불러와 오토레이아웃 프레임 안으로 드래그 앤 드롭합니다. 이때 아이콘이 있는 쪽의 패딩 수치를 조절해야 시각적으로 균형이 맞아 보입니다.

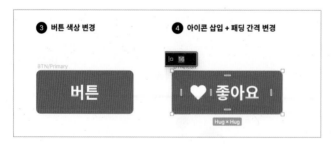

## 투두 리스트

**01** 투두 리스트에 필요한 체크아이콘과 텍스트를 만듭니다.

**02** 두 레이어를 선택하고 오토레이아웃을 적용합니다.

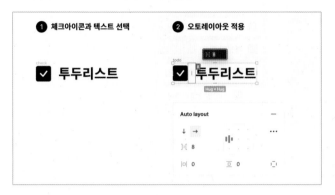

**03** 오토레이아웃 프레임을 선택하고 배경색을 흰색으로 변경합니다.

**04** 3번 프레임을 선택하고 다시 한번 오토레이아웃을 적용합니다. 쉬운 구분을 위해 패딩 영역은 색상을 적용했습니다.

**05** 리스트를 선택하고 `Ctrl/Command` + `D` 로 리스트를 원하는 만큼 복제합니다. 자동으로 아래쪽으로 정렬됩니다. 이제 원하는 텍스트로 변경합니다.

**06** 하위 리스트로 만들 프레임을 선택하여 왼쪽 패딩값만 32로 변경합니다.

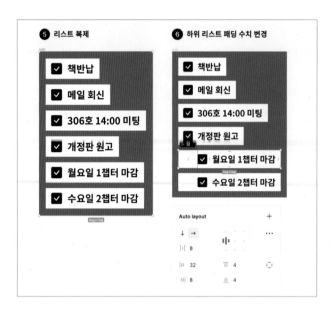

**07** 구분을 위해 변경한 색상을 다시 흰색으로 되돌리고 타이틀 텍스트를 삽입합니다.

**08** 리스트와 타이틀 간격을 12, 리스트와 타이틀을 감싸는 패딩을 32로 조정했습니다.

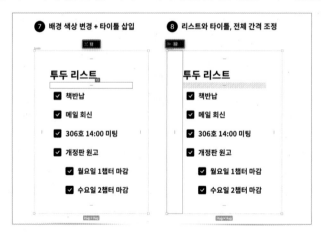

**09** 라운딩, 스트로크 등을 추가하여 투두 리스트 카드를 완성했습니다. **Ctrl / Command** + **Y** 단축키로 와이어
프레임을 확인하면 오토레이아웃의 구조를 파악하기 쉽습니다.

## 리스트 카드

이제 좀 더 복잡한 오토레이아웃 옵션을 활용해보려고 합니다.

**01** 투두 리스트 예시를 응용하여 프로필이 있는 리스트 카드를 하나 만들었습니다.

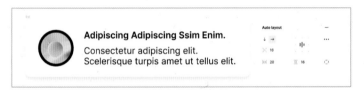

**02** 이 리스트를 다시 한번 오토레이아웃으로 감싸고 1번 리스트를 `Ctrl / Command` + `D` 로 복제합니다. 간단한 리스트 정렬이 만들어지는 것을 확인할 수 있습니다.

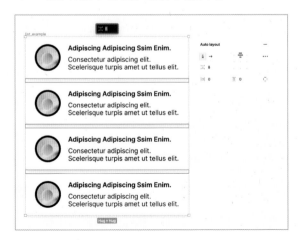

**03** 1번 리스트를 다시 복제하고 [ ↓ ] 아이콘을 클릭하여 리스트 정렬을 Vertical로 변경해봅니다. 프로필 카드처럼 변한 것을 확인할 수 있습니다.

**04** 프로필을 복제하면 카드의 높잇값이 늘어납니다. 구분하기 쉽도록 프로필 이미지를 변경했습니다.

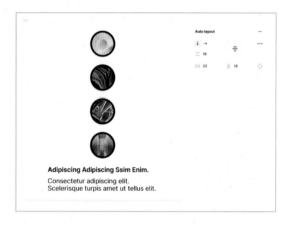

**05** 카드의 높잇값을 변경하면 콘텐츠가 가운데에 몰려있는 것을 알 수 있습니다. 오토레이아웃 옵션에서 Spacing mode는 Packed가 기본으로 적용되어 있습니다.

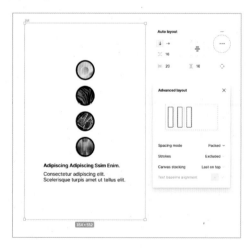

**06** Spacing mode를 Spacing between으로 변경하면 프로필이 전체 너비에 맞게 정렬됩니다.

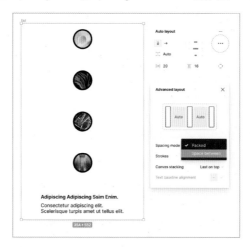

**07** 프로필만 선택하여 [→] 아이콘을 눌러 Horizontal로 변경해줍니다.

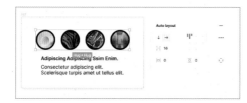

**08** 전체 카드 프레임의 너비를 줄이면 프로필이 겹치는 걸 확인할 수 있습니다. 이런 식으로 오토레이아웃을 활용하면 반응형 리스트와 카드를 조절하기 편리합니다.

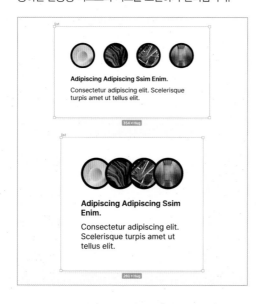

Chapter

# 5

# 디자인 시스템과 협업

# 진보한 디자인 시스템을 위한 베리언츠

## 베리언츠

베리언츠(Variants)는 컴포넌트 세트를 만들고 더 체계적으로 사용하는 기능입니다. 2020년 11월에 업데이트된 기능이며, 베리언츠 덕분에 더 효율적으로 디자인 시스템을 관리할 수 있게 되었습니다. 예를 들어 예선엔 버튼에 Default, Mouse Hover, Focus, On Click, Disable 등 다섯 가지 상태값이 필요하다면 이 상태를 개별 컴포넌트로 만들고 직접 정리하여 관리했습니다. 하지만 베리언츠를 사용하면 하나의 컴포넌트에서 여러 개의 상태값을 빠르게 오갈 수 있습니다.

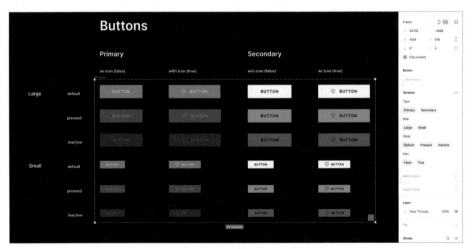

▶ 버튼 베리언츠 예시

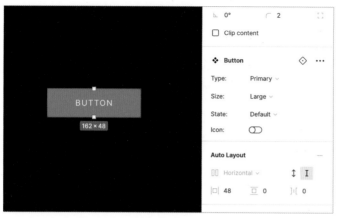

▶ 우측 사이드바에서 버튼 컴포넌트에 다양한 속성값이 지정된 걸 확인할 수 있습니다.

## 다음은 베리언츠 패널 설명입니다.

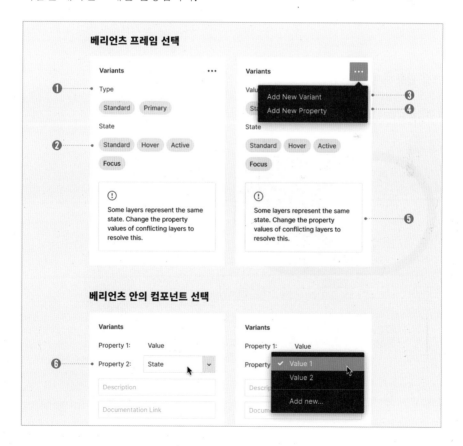

❶ 속성: 어떤 속성을 나타내는지 더블클릭하여 이름을 변경할 수 있습니다.

❷ State: 버튼 배리언트에 적용한 active, mouse hover, pressed 상탯값을 나타냅니다.

❸ Add New Variant: 새로운 값의 베리언트를 추가합니다.

❹ Add New Property: 베리언트에 새로운 속성을 추가합니다.

❺ 중복 알림 창: 중복되는 속성이나 값의 베리언트가 있을 때 알려줍니다.

❻ 속성 선택: 개별 컴포넌트를 선택하면 뜨는 패널입니다. 드롭다운으로 값을 선택하거나 새로운 값을 추가할 수 있습니다.

## [실습] 토글, 버튼 베리언츠

☞ **실습 파일: [실습] 베리언츠**

베리언츠는 설명보단 만들어봐야 이해하기 쉽습니다.

### 토글

베리언츠를 활용해서 인터랙티브한 토글 컴포넌트를 만들어보겠습니다.

**01** 토글 버튼을 만들고 컴포넌트를 지정합니다. 컴포넌트명은 Toggle/Off로 지정합니다.

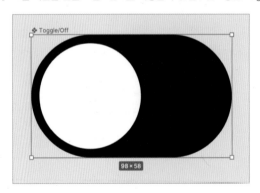

**02** 복제하여 켜진 토글 컴포넌트를 만든 뒤 컴포넌트명을 Toggle/On으로 지정합니다.

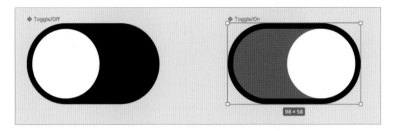

**03** 두 컴포넌트를 선택하고 [Combine as variants] 버튼을 클릭합니다.

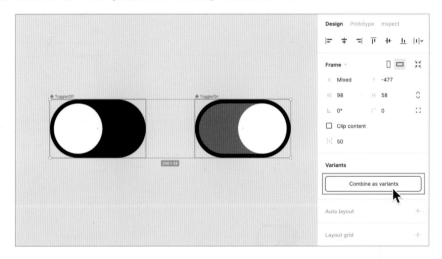

**04** 보라색 점선이 생기며 두 토글이 베리언츠로 묶입니다. 베리언츠의 프로퍼티명을 State로 변경합니다. 레이어 패널에서 컴포넌트명을 보면 State=On, State=Off로 바뀐 걸 확인할 수 있습니다.

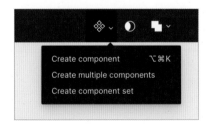

**잠깐👆** 이름을 먼저 정하고 Component 옵션의 Create component set을 선택하면 한 번에 베리언츠 그룹이 만들어집니다.

**05** 에셋창에서 새로운 프레임으로 토글 컴포넌트를 가져옵니다. 베리언츠 패널에서 스위치를 끄고 켜봅시다. 두 컴포넌트를 아주 쉽게 오갈 수 있습니다.

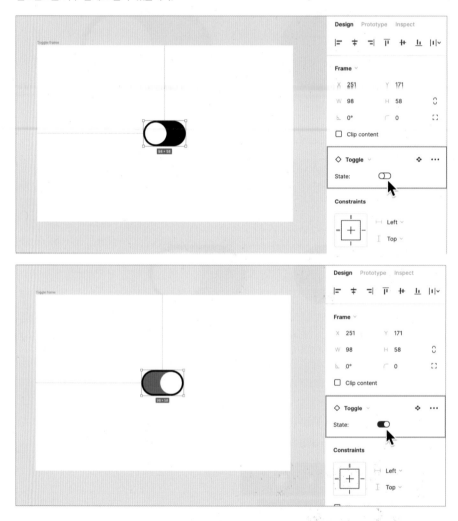

**잠깐👆** 베리언츠에서 값을 On과 Off로 하면 상탯값이 토글 버튼으로 나타납니다.

## 버튼

UI 디자인에서 가장 자주 사용하는 컴포넌트입니다.

**01** 기본이 되는 버튼 컴포넌트를 만든 뒤 베리언츠 패널의 [+] 버튼을 클릭합니다. 컴포넌트명은 Btn/Default입니다.

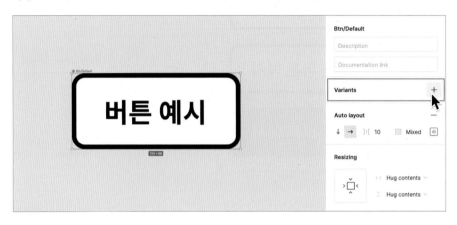

**잠깐👆** 버튼과 같이 자주 쓰는 컴포넌트는 약어로 표기합니다. 버튼 btn 이외에도 아이콘 ic, 이미지 img 등이 있습니다.

**02** 새로운 베리언츠가 생성됩니다. 디자인을 Mouse Hover 상태로 변경하고 프로퍼티명을 State로 변경합니다.

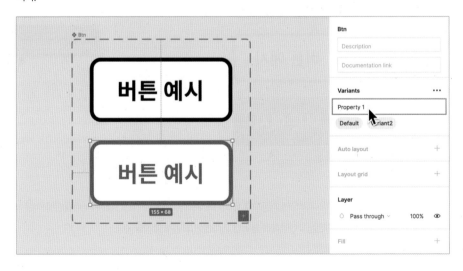

**03** 베리언츠 프레임 오른쪽 아래의 보라색 [+]를 클릭하여 Pressed 상태의 디자인을 추가합니다. 베리언츠 패널에서 각 값의 이름을 더블클릭하여 변경합니다.

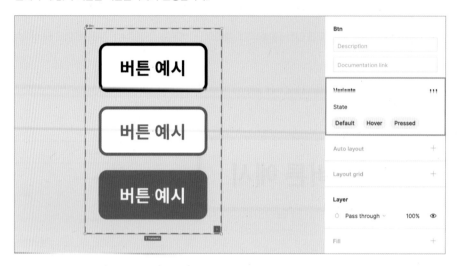

**04** 아이콘 버튼을 추가하겠습니다. 베리언츠 프레임을 선택한 뒤 패널 옵션에서 [Add new property]를 선택합니다. 프로퍼티명은 Icon으로 지정합니다.

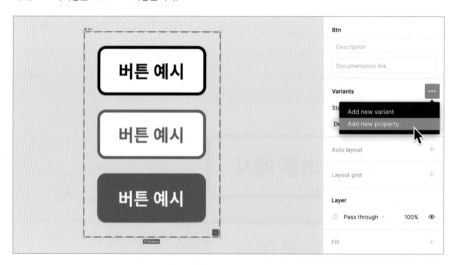

**05** 버튼 3개를 모두 선택한 뒤 복제하면 자동으로 베리언츠 프레임 안에 추가됩니다. 이 버튼들은 아이콘 버튼이 될 것입니다. 베리언츠 프레임을 선택하여 늘어난 아이콘이 보이게 늘려줍니다.

**06** 베리언츠 프레임을 선택하고 Icon 상태에서 [Add new...]를 클릭합니다.

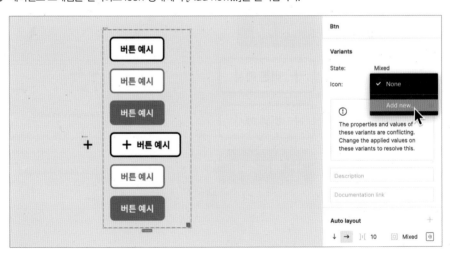

잠깐 👉 속성과 값 이름이 중복되는 베리언츠가 있으면 패널 아래에 경고창이 나타납니다.

**07** 베리언츠 패널에서 Icon 상탯값 아래 태그를 더블클릭하여 Off와 On으로 이름을 변경합니다. 항상 맨 첫 번째 태그가 Default 값입니다.

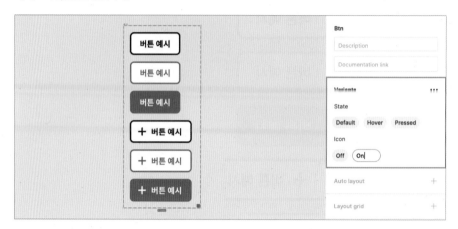

**08** 아이콘 버튼만 선택하여 Icon 값을 On으로 변경합니다.

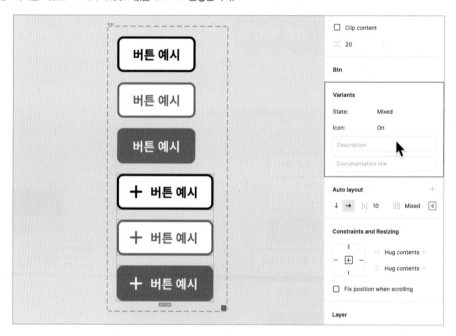

**09** 새로운 프레임에서 버튼 컴포넌트를 가져와 베리언츠가 적용되었는지 확인합니다.

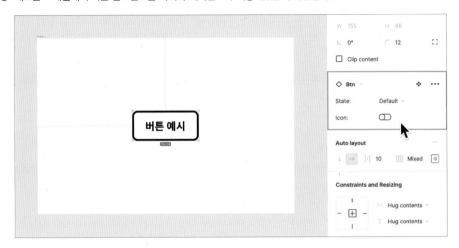

## 베리언츠 만들고 사용하기

베리언츠는 여러 개의 컴포넌트를 그룹으로 관리하는 방식입니다. 예를 들어 버튼의 Default, Mouse hover, Disabled 상탯값을 하나의 베리언츠로 만드는 겁니다.

### 레이어명 정리

레이어명은 베리언츠를 만들고 관리할 때 중요한 요소입니다. 다른 레이어명과 다르게 베리언츠 내부의 컴포넌트는 레이어명으로 속성과 값을 지정합니다. 베리언트명은 다음과 같은 구조로 이루어져 있습니다.

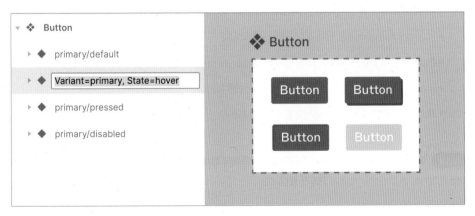

피그마는 '/' 구분자로 하위 요소를 나누는 네이밍 시스템을 지원합니다. 예를 들어 컴포넌트명을 Button/Primary/Large/Default/True 같은 식으로 지정해야 각 속성과 값을 짝지어 사용할 수 있습니다.

**잠깐 👉** 베리언츠를 만들 때 프로퍼티명은 코드에 바로 적용되므로 팀에서 활용하고 있는 이름 관련 규칙을 지켜서 작성해야 합니다.

---

**💡 Tip. 리네임 레이어**

레이어의 통일성을 위해 한 번에 레이어명을 변경해야 할 때 레이어를 여러 개 선택하고 Rename layers 기능을 사용합니다. [마우스 오른쪽 클릭 > Rename layers] 또는 다음 단축키를 사용합니다.

- 윈도우: `Ctrl` + `R`

- 맥: `Command` + `R`

레이어가 여러 개일 경우 리네임 레이어 모달이 뜨며, 다양한 옵션을 사용할 수 있습니다.

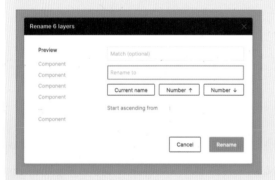

- Rename to 필드는 모든 레이어명을 해당 텍스트로 변경합니다.

- Match를 사용하면 현재 레이어명의 요소가 Rename to의 이름으로 바뀝니다.

- [Current name] 버튼은 현재 레이어명을 나타냅니다.

- [Number ↑] 버튼은 아래에서부터 숫자를 붙이고, [Number ↓] 버튼은 위에서부터 숫자를 붙입니다.

- prefix(접두사), suffix(접미사) 위치는 변경 가능합니다.

- 프리뷰가 나오므로 확인하면서 변경할 수 있습니다.

---

**잠깐 👉** 베리언츠에선 모든 컴포넌트의 이름이 같은 구조여야 합니다. 슬래시의 개수는 상위/하위 속성값이기 때문에 이름을 임의로 변경하면 베리언츠에 오류가 생깁니다.

## 캔버스에 컴포넌트 정렬하기

요소들을 그리드 형태로 정렬해야 나중에 어떤 요소가 있는지 확인하기 용이합니다.

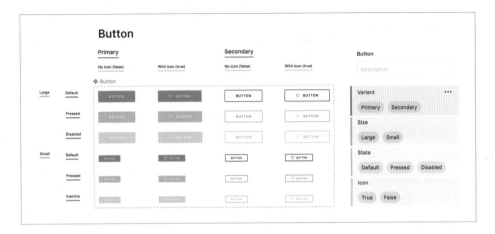

베리언츠는 해당 점선 영역 안에 포함된 컴포넌트만 베리언츠로 인식합니다. 베리언츠 안에서 새로 정렬하는 방법보다 컴포넌트를 미리 정렬한 다음 베리언츠로 만드는 방식이 훨씬 쉽습니다.

## Combine as Variants

컴포넌트를 전체 선택하고 오른쪽 패널에서 [Variants > Combine as Variants] 버튼을 클릭합니다.

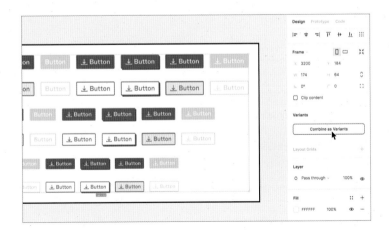

## 속성값 쓰기

레이어명은 Primary/Large/Default/True처럼 값만 정해져 있는 상태입니다. 무엇이 Primary이고, Large인지 속성값을 변경해줍니다.

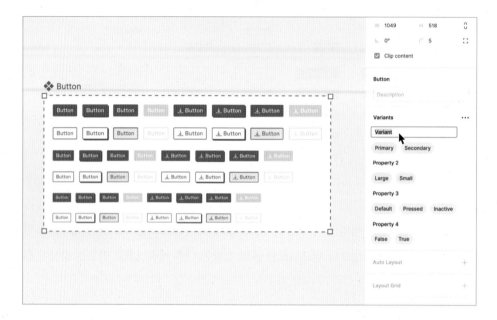

## 컴포넌트 추가

베리언츠 점선 테두리 영역을 클릭하면 오른쪽 하단에 보라색 [+] 버튼이 나타납니다. 이 버튼을 클릭하면 새로운 컴포넌트를 추가할 수 있습니다. 디자인과 레이어명을 네이밍 컨벤션에 맞게 수정합니다.

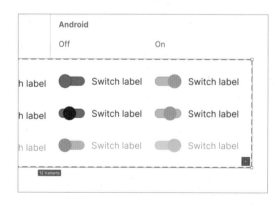

**베리언츠 리네임**

이미 만든 베리언츠 내부의 컴포넌트명을 변경하고 싶다면 속성은 클릭, 값은 더블클릭하여 변경할 수 있습니다. <kbd>Enter / Return</kbd> 키로 완료합니다.

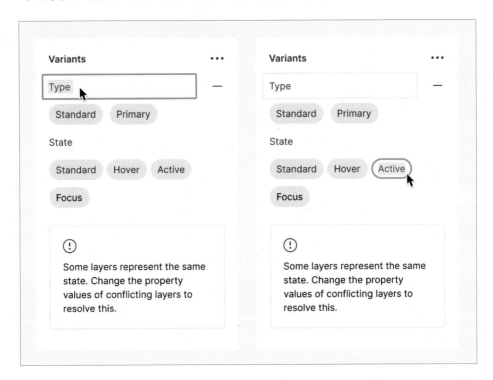

## 프로처럼 베리언츠 활용하기

### 중첩 인스턴스

다음 그림의 버튼 예제를 보면 아이콘 버튼을 어떻게 간결하게 만들었는지 알 수 있습니다. 컴포넌트 안에 컴포넌트를 넣어 아이콘이 있는 버튼과 없는 버튼, 아이콘으로 구분했습니다. 이렇게 하면 나중에 아이콘을 추가하거나 디자인을 변경하기 더 용이합니다.

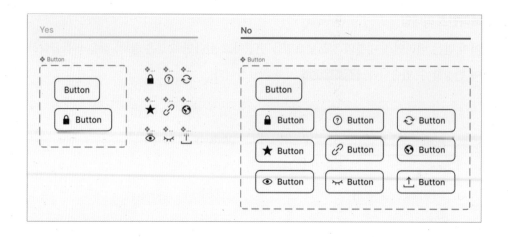

## 베이스 컴포넌트 사용하기

베이스 컴포넌트는 여러 디자인으로 확장할 수 있는 기본 컴포넌트를 말합니다. 이 베이스 컴포넌트를 복제, 수정하여 다음 이미지와 같은 버튼 베리언츠를 만들 수 있습니다. 베이스 컴포넌트를 이용하면 컴포넌트 전체의 일관성을 유지하기 편리합니다. 베이스 컴포넌트는 앞에 '.'나 '_'를 붙이면 정렬에서 상위에 위치하는 걸 확인할 수 있고, 디자인 시스템에 포함되지 않도록 방지하는 역할도 합니다. 피그마 커뮤니티에서 'Variant'를 검색하여 다양한 예시를 참고할 수 있습니다.

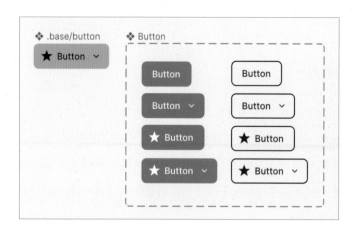

## Variant와 Props

이 부분은 몰라도 되지만 알면 베리언츠의 작동 방식을 이해하기 좋은 정보를 담고 있습니다.

베리언츠는 CSS in JS 개발 문법을 그대로 가져온 컴포넌트 관리 방법입니다. 자바스크립트 안에 바로 CSS를 작성하는 방식이며 디자인 컴포넌트를 관리하기 편한 라이브러리입니다. 버튼 베리언츠 예제 코드를 살펴봅시다. '//' 오른쪽의 텍스트는 주석으로 코드가 어떤 일을 하는지 설명합니다.

● 자바스크립트 코드

```javascript
// 라이브러리를 가져옵니다.
import styled from 'styled-components'
import { variant } from 'styled-system'

// 기본이 되는 버튼의 틀입니다.
const Button = styled('button')(
  {
    appearance: 'none',
    fontFamily: 'inherit',
  },

  // 텍스트 색상과 배경 색상을 지정한 primary와 secondary 버튼을 만듭니다.
  variant({
    variants: {
      primary: {
        color: 'white',
        bg: 'primary',
      },
      secondary: {
        color: 'white',
        bg: 'secondary',
      },
    }
  })
)
```

하나하나 살펴보면 버튼 베리언츠 안에 primary와 secondary 버튼이 있는 걸 알 수 있습니다. 이렇게 미리 만들어놓은 스타일을 html로 가져오면 다음과 같이 편하게 버튼을 사용할 수 있습니다.

● HTML 코드

```
<Button variant='primary'>Primary</Button>
<Button variant='secondary'>Secondary</Button>
```

Props는 개발에서 많이 사용되는 용어인 Properties의 줄임말입니다. 부모 컴포넌트가 자식 컴포넌트에 전달하는 데이터로, 자식 컴포넌트는 정보를 읽기만 할 수 있습니다.

베리언트 속성은 Property1=value, Property2=value, Property3=value와 같이 지정합니다. 위 버튼 예제로 본다면 color: 'white', bg: 'primary'이므로 텍스트 색상과 백그라운드 색상을 프로퍼티로 지정한 걸 알 수 있습니다.

# Lesson 02

## 시스템을 정리하는 컴포넌트 프로퍼티

☞ **실습 파일 : [개정판 실습] 컴포넌트 프로퍼티**

컴포넌트 프로퍼티는 말 그대로 컴포넌트에 포함된 속성입니다. 컴포넌트 프로퍼티를 지정하면 버튼에서 '확인', '취소'와 같이 지정된 텍스트를 쉽게 변경하고, 아이콘을 앞이나 뒤의 원하는 위치로 지정하기 편리합니다.

하나의 컴포넌트에 여러 옵션을 지정할 수 있으므로 라이브러리의 용량을 줄이고 실제 디자인 파일에서 아이콘을 숨김 처리할 필요가 없다는 장점이 있습니다.

리스트 컴포넌트를 만들었을 때 결과물을 먼저 살펴보겠습니다. 컴포넌트 속성을 어떻게 적용하는지는 아래 예제에서 하나하나 살펴볼 예정입니다. 컴포넌트 속성은 어렵지 않지만 순서에 맞게 적용해야 합니다.

- **Component** : 컴포넌트를 선택하면 컴포넌트 패널에 어떤 속성이 적용되었는지 확인할 수 있습니다.
- **Instance 1** : 컴포넌트를 복제하면 인스턴스 패널은 다음과 같이 보입니다.
  - Show profile, Show ic는 Boolean 속성으로 True, False를 의미하는 토글 UI가 나타납니다.
  - Name, Mail과 같이 텍스트 속성은 바로 패널에서 수정이 가능합니다.
  - Icon은 다른 아이콘 컴포넌트로 Swap이 가능한 컴포넌트입니다. Swap이 가능하려면 아이콘도 컴포넌트가 지정되어 있어야 합니다.
- **Instance 2** : 프로필 이미지와 텍스트, 아이콘을 변경한 인스턴스입니다.
- **Instance 3** : 프로필 이미지와 아이콘을 숨김 처리하고 텍스트를 변경한 인스턴스입니다.

**Component**

Claire Jung
hello@google.com                  ✓

Properties                                    +

Show profile        👁  Boolean

Name                T  Text

Mail text            T  Text

Icon                 ◇  Instance swap

Show icon           👁  Boolean

---

**Instance 1 : 모든 정보가 같음**

Claire Jung
hello@google.com                  ✓

◇  list  ⌄              ✛  •••

Show profile        ⬤

Name                Claire Jung

Mail text            hello@google.com

Icon                 ◇ check  ⌄

Show icon           ⬤

---

**Instance 2 : 프로필, 아이콘, 텍스트 변경**

Ronald Richards
Ronald@example.com                →

◇  list  ⌄              ✛  •••

Show profile        ⬤

Name                Ronald Richards

Mail text            Ronald@example.com

Icon                 ◇ arrow_right  ⌄

Show icon           ⬤

---

**Instance 3 : 프로필, 아이콘 숨김 & 텍스트 변경**

Jean Cho
jean@google.com

◇  list  ⌄              ✛  •••

Show profile        ◯

Name                Jean Cho

Mail text            jean@google.com

Show icon           ◯

## 컴포넌트 속성

여러 컴포넌트 속성이 포함되는 리스트 컴포넌트를 만들어보겠습니다. 컴포넌트 속성을 활용하여 하나의 컴포넌트로도 다양한 형태를 표현할 수 있습니다. 먼저 컴포넌트 옵션부터 살펴보겠습니다.

- **컴포넌트**: 속성 옆의 [+] 버튼을 클릭하면 추가할 수 있는 컴포넌트 속성의 옵션들이 나타납니다.
  - **Boolean**: True, False 속성으로 컴포넌트를 보이거나 안 보이게 할 수 있습니다.
  - **Instance swap**: 아이콘처럼 다른 컴포넌트로 변경할 수 있는 속성입니다.
  - **Text**: 텍스트를 저장하고 다른 텍스트 속성으로 변경할 수 있습니다.
- **인스턴스**: 옵션 아이콘을 클릭하면 수정한 모든 옵션을 되돌리거나, 변경한 속성을 메인 컴포넌트로 보낼 수 있습니다.

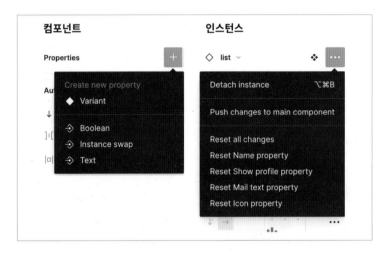

## [실습] 리스트 컴포넌트에 컴포넌트 속성 적용하기 ☞ 실습 파일: [개정판 실습] 컴포넌트 프로퍼티

### 리스트 컴포넌트 만들기

**01** 오토레이아웃을 활용하여 프로필과 텍스트, 아이콘이 있는 리스트를 만듭니다. 프로필과 아이콘은 각각 따로 컴포넌트를 만들어야 합니다. 아이콘은 리스트에 포함할 것과 변경할 것 두 개의 컴포넌트를 만듭니다.

**02** 리스트를 선택하고 단축키 `Ctrl/Command` + `Alt/Option` + `K` 로 컴포넌트를 만들어줍니다.

**03** 오른쪽 패널에서 Properties가 나타난 걸 확인할 수 있습니다.

## Show profile 속성 만들기

**01** 리스트 내의 프로필 인스턴스를 선택합니다.

**02** 오른쪽 패널에서 프로필 인스턴스 속성 옆의 왼쪽에 선이 있는 다이아몬드 아이콘을 클릭합니다.

**03** Create component property 모달이 뜹니다. 속성명을 Show profile로 변경합니다.

**04** 오른쪽 패널에서 보라색 속성 태그로 바뀐 걸 확인할 수 있습니다.

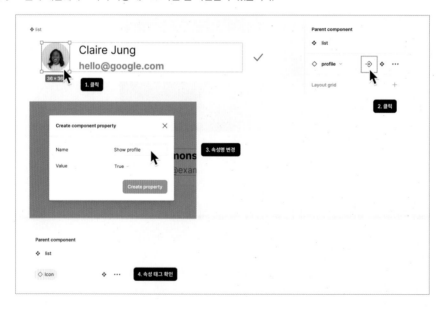

## 아이콘 변경 속성 만들기

**01** 리스트 내의 아이콘 인스턴스를 선택합니다.

**02** 오른쪽 패널에서 아이콘 인스턴스 속성 옆의 왼쪽에 선이 있는 다이아몬드 아이콘을 클릭합니다.

**03** Create component property 모달이 뜹니다. 속성명을 Icon으로 변경합니다.

**04** 오른쪽 패널에서 보라색 속성 태그로 바뀐 걸 확인할 수 있습니다.

## 이름 텍스트 속성 만들기

**01** 리스트 내의 이름 텍스트 레이어를 선택합니다.

**02** 오른쪽 패널에서 Content 패널의 Component property 아이콘을 클릭합니다.

> **잠깐 👉** Layer 패널의 Component property 아이콘을 클릭하면 해당 텍스트를 숨김 처리하는 Boolean 속성이 적용됩니다.

**03** Create component property 모달이 뜹니다. 속성명을 Name으로 변경합니다.

**04** Content 패널에서 Name 태그가 나타난 걸 확인할 수 있습니다. 이제 다른 컴포넌트의 텍스트에 Claire Jung이라는 값을 바로 적용할 수 있습니다.

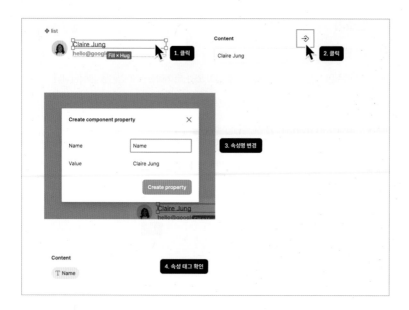

## 메일 텍스트 속성 만들기

**01** 리스트 내의 메일 텍스트 레이어를 선택합니다.

**02** 오른쪽 패널에서 Content 패널의 Component property 아이콘을 클릭합니다.

**03** Create component property 모달이 뜹니다. 속성명을 Mail로 변경합니다.

**04** 속성 태그를 클릭하면 툴팁에서 이미 만든 Name과 Create property 옵션이 나타납니다. Name을 선택하면 Claire Jung으로 텍스트가 바뀝니다. Create property 옵션을 선택합니다.

**05** Create component property 모달이 뜹니다. Name을 Phone으로, Value를 휴대폰 번호와 같은 서식으로 작성합니다.

**06** 새로 만든 텍스트 속성으로 변경된 걸 확인합니다.

# 실제 화면처럼 시연하는 프로토타입

## 프로토타입 요소

피그마 프로토타입 커넥션은 3가지 요소로 나누어집니다.

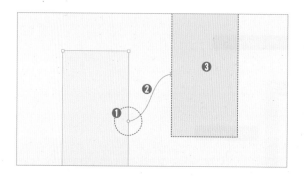

**①** 핫스팟: 사용자의 인터랙션이 시작하는 위치입니다. 핫스팟은 프레임과 개별 오브젝트에 지정할 수 있습니다. 예를 들면 버튼, 아이콘, 내비게이션바와 같이 선택할 수 있는 모든 요소에 핫스팟을 만들 수 있습니다.

**②** 커넥션: 화살표 형태로 핫스팟에서 뽑아져 나오는 선으로, 두 프레임 사이의 애니메이션과 인터랙션을 연결하는 역할을 합니다. ❶번의 핸들을 잡고 원하는 프레임으로 드래그 앤 드롭합니다. 삭제할 땐 `Backspace` 나 `Del` 키로 지웁니다.

**③** 네스티네이션: 변경된 화면입니다.

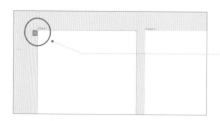

프로토타입으로 프레임을 연결하면 첫 번째 프레임 왼쪽 상단에 플레이 버튼이 나타나며 시작 지점을 표시합니다.

## 인터랙션과 애니메이션 만들기

인터랙션은 클릭 후 페이지 전환 같은 요소, 애니메이션은 페이지가 이동하는 움직임에 대한 요소입니다.

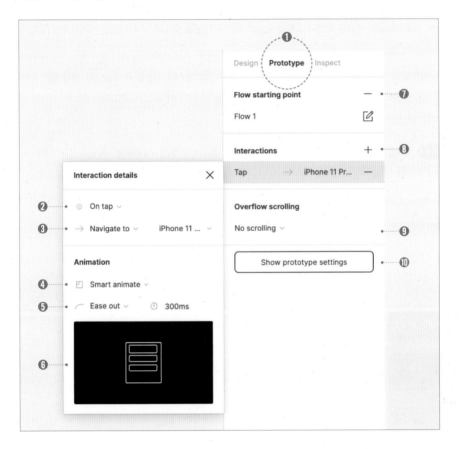

❶ **프로토타입 선택**: 오른쪽 사이드바에서 Prototype 탭을 클릭합니다.

❷ **트리거**: 클릭, 드래그, 마우스 호버와 같은 트리거 종류를 선택할 수 있습니다.

❸ **액션과 종료 프레임**: 프레임이 어떻게 바뀌고 나타나는지, 어떤 프레임에서 끝나는지 변경할 수 있습니다.

❹ **애니메이션**: 레이어의 움직임을 선택합니다. 애니메이션을 선택하면 ❻번에서 움직임을 미리보기 할 수 있습니다.

> **잠깐 👉** Smart Animate Matching Layer 옵션은 같은 이름의 레이어를 자연스럽게 연결합니다. 예를 들어 내비게이션바는 터치 시 자연스럽게 늘어나게 트랜지션을 만들 수 있습니다.

❺ **이징 커브**: 레이어가 동일한 속도로 움직이면 부자연스럽기 때문에 가속도 옵션을 선택합니다. 여러 이징 커브를 사용하여 더 자연스럽거나 눈에 띄는 모션을 상황에 맞추어 적용할 수 있습니다. 옆의 숫자는 지속 시간입니다. 300ms = 0.3s로 대부분 0.3초를 기본으로 합니다.

❻ **미리보기 화면**: 애니메이션이 어떻게 움직이는지 간단한 미리보기로 확인합니다.

❼ **Flow**: 프로토타입이 연결된 화면의 흐름을 flow로 묶어서 구분할 수 있습니다. 이름을 바꿔서 구분하고 개별 flow의 링크만 전달할 수 있습니다.

❽ **인터랙션**: 클릭, 드래그 같은 입력 요소입니다. 여러 인터랙션을 동시에 적용할 수 있습니다. 예를 들어 카카오톡 프로필 음악 듣기처럼 프로필 뮤직을 클릭하면 미니플레이어가 나타나고 드래그하여 원하는 위치에 두는 복합적인 인터랙션을 만들 수 있습니다.

> **잠깐 👆** 프로토타입을 만들 때 레이어가 움직이는 거리나 UI 요소의 크기, 위치에 따라 지속 시간과 이징을 다르게 적용하여 가장 적합한 옵션을 찾습니다.

❾ **Overflow scrolling**: 프로토타입의 가로, 세로 스크롤 옵션을 선택할 수 있습니다.

❿ **프로토타입 세팅**: 디바이스 목업과 백그라운드 색상을 선택합니다.

## 트리거

- None: 아무런 액션 없이 바로 넘어갑니다.

- On tap: 클릭이나 터치를 나타내는 가장 대표적인 액션입니다.

- On drag: 가로, 세로 방향 드래그가 가능합니다.

- **While hovering**: 마우스가 컴포넌트 위에 위치할 때의 액션입니다.

- **While pressing**: 마우스를 누르고 떼기 전까지의 액션입니다.

- **Key/gamepad**: 키보드나 엑스박스 패드 등의 도구로 입력할 때의 액션입니다.

- **Mouse enter**: 마우스가 영역에 들어가는 순간의 액션입니다. 마우스 오버는 마우스가 유지되어야 하지만 엔터는 마우스가 유지되지 않아도 됩니다.

- **Mouse leave**: 마우스가 영역에서 벗어나는 순간의 액션입니다.

- **Touch down**: 마우스를 누르는 순간의 액션입니다.

- **Touch up**: 마우스에서 손을 떼는 순간의 액션입니다.

- **After delay**: 일정 시간이 지난 뒤 화면이 넘어갑니다.

---

### 💡 Tip. 트리거의 차이

클릭과 프레싱, 마우스 액션은 미묘한 차이가 있습니다. 이들을 구분해서 사용하면 복잡한 인터랙션을 구현할 수 있습니다. 예를 들어 버튼을 클릭하면 팝업창이 나오고 로딩바가 진행되면서 배경 색상도 바뀌는 복잡한 애니메이션을 구현하고 싶다면 On Click, Mouse leave, Touch down 등을 적절히 섞어서 순차적으로 진행하는 느낌을 줄 수 있습니다.

---

## 액션

프레임 간 이동 방식을 정합니다.

- **None**: 아무런 변화가 없습니다.

- **Navigate to**: 연결한 프레임으로 이동합니다.

- **Change to**: 베리언츠 내에서 연결했을 때 해당 컴포넌트로 바뀝니다.

- **Open overlay**: 오버레이가 열립니다. 모달 팝업을 만들 때 사용합니다.

- **Swap overlay**: 화면이 오버레이 프레임으로 바뀝니다.

- **Close overlay**: 오버레이를 닫습니다.

- **Back**: 맨 처음 프레임으로 돌아갑니다.

- **Scroll to**: 연결한 위치로 스크롤합니다.

- **Open link**: 외부 링크로 연결합니다.

## 애니메이션

애니메이션은 프리뷰 화면에서 미리보기로 확인할 수 있어 설명과 함께 보면 이해하기 더 좋습니다.

▶ 애니메이션의 종류

▶ 애니메이션 커브

- Instant: 애니메이션 없이 바로 넘어갑니다.

- Dissolve: 앞 프레임의 투명도가 0%가 되며 넘어갑니다.

- Smart animate: 같은 이름의 레이어가 자연스럽게 변경됩니다. 사이즈가 늘어나거나 색상을 변경할 때 자주 사용하는 애니메이션입니다.

- Move in: Move 애니메이션은 프레임이 연결되어야 합니다. A, B 프레임이 있을 때 B 프레임이 슬라이드처럼 들어옵니다.

- Move out: A, B 프레임이 있을 때 B 프레임이 슬라이드처럼 나갑니다.

- Push: A, B 프레임이 있을 때 A 프레임이 B 프레임에 밀려 나갑니다.

- Slide in: Move in과 다른 점은 A 프레임이 아래에 있는 건 같지만 A 프레임의 투명도가 0%로 변하며 B 프레임이 들어옵니다.

- Slide out: B 프레임의 투명도가 0%에서 100%로 변하며 A 프레임이 나갑니다.

- 애니메이션 커브: 애니메이션이 움직이는 시간과 빠르기를 커브값으로 표현한 CSS 요소입니다. easing이라고 부르기도 하며, 인터랙션의 인상에 큰 영향을 줍니다.


## 프로토타입 세팅 설정하기

오른쪽 사이드바에서 프로토타입을 선택했을 때 나타나는 창에서 [Show prototype settings] 버튼을 클릭하면 다음 설정을 할 수 있습니다.

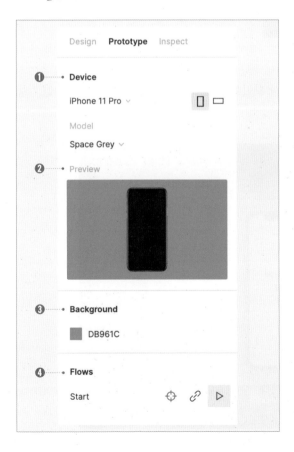

**❶ Device & Model**: 목업의 디바이스 기종과 색상을 선택할 수 있습니다.

**❷ Preview**: 미리보기 할 수 있습니다.

**❸ Background**: 백그라운드 색상을 변경합니다.

**❹ Flows**: 프로토타입의 흐름을 구분하여 관리하며 프로토타입 첫 화면 옆에 아이콘이 나타납니다. 한 페이지 안에 여러 개의 flow가 있을 수 있고, 이름을 지정해 구분할 수 있습니다. Flows 옆의 플레이 버튼(▶)을 클릭하여 바로 프로토타입을 실행할 수 있습니다. 링크 아이콘을 클릭하여 원하는 플로우만 링크를 따로 공유할 수 있습니다.

## 프로토타입 화면 보기

오른쪽 상단의 플레이 버튼(▶)을 클릭하면 새로운 탭에서 프로토타입이 시작됩니다.

이 화면을 링크로 공유하여 모바일에서 확인할 수 있고 피그마 미러 앱에서도 확인 가능합니다.

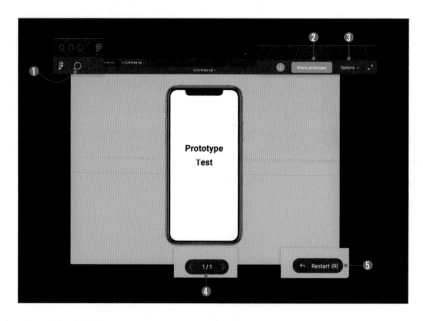

❶ Comment: 디자인 화면처럼 원하는 위치에 코멘트를 달 수 있습니다.

❷ Share prototype: 프로토타입을 계정으로 초대하거나 링크로 공유합니다.

❸ Options: 프로토타입 뷰어 옵션을 선택할 수 있습니다.

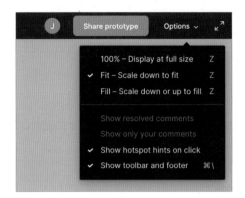

❹ Page: 현재 페이지가 전체 프로토타입에서 몇 번째인지 확인하고 다음으로 넘어갈 수 있습니다.

❺ Restart: 처음 Starting Page로 돌아갑니다.


## [실습] 두 프레임을 오가는 프로토타입 만들기     ☞ 실습 파일: [실습] 프로토타이핑

프로토타입을 만들 때 페이지 변환을 가장 많이 사용합니다.

**01** '[실습] 프로토타이핑' 파일을 열고 두 화면을 확인합니다. 그다음 오른쪽 사이드바에서 Prototype 탭을 선택합니다.

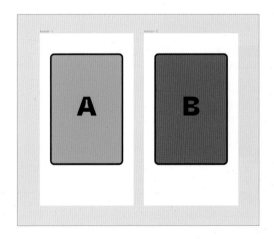

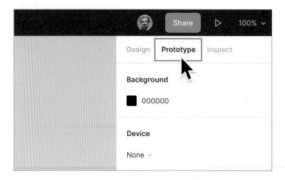

**02** A 박스를 선택하면 오른쪽 중심에 파란색 + 핫스팟이 나타납니다. 클릭하여 B 프레임으로 드래그합니다.

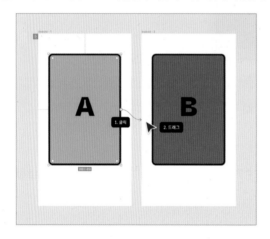

**03** B 박스에서도 마찬가지로 핫스팟을 잡고 A 프레임으로 드래그합니다.

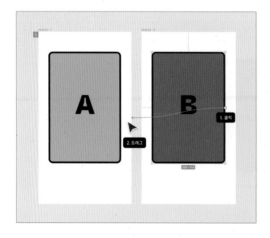

**04** 파란색 화살표를 클릭하면 애니메이션 옵션을 변경할 수 있습니다. 애니메이션 옵션으로 A→B 인터랙션은 Slide in, B→A 인터랙션은 Slide Out으로 선택합니다. Smart animate matching layers 옵션을 클릭합니다. 이 옵션을 켜면 같은 이름의 레이어는 바뀐 요소만 변화합니다. 여기선 A, B 텍스트와 컬러입니다.

**05** 오른쪽 상단 툴바의 플레이 버튼(▶)을 클릭하면 프로토타입 창이 새로 켜집니다. 클릭하여 프로토타입을 테스트해봅니다. 프로토타입을 처음부터 다시 시작하려면 단축키 **R** 또는 오른쪽 하단의 [Restart]를 클릭합니다.

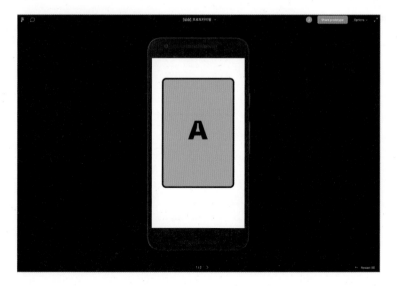

**06** 오른쪽 상단에서 말풍선 버튼을 클릭하여 댓글을 달 수 있습니다.

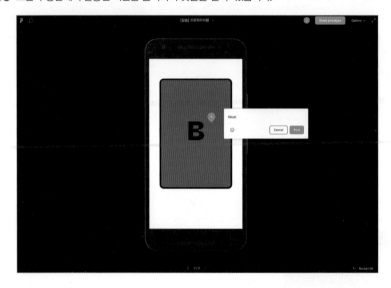

# 실제처럼 작동하는 인터랙티브 컴포넌트

## 인터랙티브 컴포넌트

인터랙티브 컴포넌트는 컴포넌트 + 베리언츠 + 프로토타입의 세 가지 기능이 합쳐져 실제 같은 인터랙션을 바로 구현할 수 있습니다. 앞에서 이 세 가지 기능의 패널 사용법을 배웠으니 구체적인 사용법으로 바로 넘어가도록 하겠습니다.

인터랙티브 컴포넌트의 패널은 프로토타입과 같은 방식이며 프레임이 아니라 베리언츠 안에서 작동한다는 차이점이 있습니다.

## [실습] 버튼 인터랙티브 컴포넌트 ☞ 실습 파일: [실습] 인터랙티브 컴포넌트

인터랙티브 컴포넌트는 베리언츠에서만 만들 수 있습니다. 베리언츠 예제에서 만든 버튼과 토글을 활용합니다.

**01** 실습 파일에서 미리 만들어둔 Default, Mouse Hover, Pressed 상탯값의 버튼 베리언츠를 확인합니다.

**02** 오른쪽 사이드바에서 Prototype 탭을 클릭합니다.

**03** 첫 번째 버튼을 마우스 오버하면 오른쪽에 프로토타입 핫스팟이 나타납니다. 클릭 드래그하여 두 번째 버튼에 연결합니다.

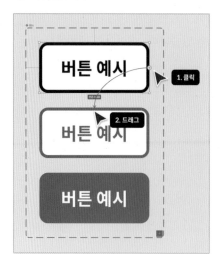

**04** 화살표로 표시되어 있는 프로토타입 커넥션을 클릭하면 인터랙션 패널이 나타납니다. 상태 옵션을 클릭하여 While hovering으로 변경합니다.

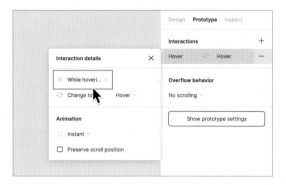

**05** 두 번째 버튼도 같은 방식으로 연결하고 상태 옵션을 While pressing으로 변경합니다.

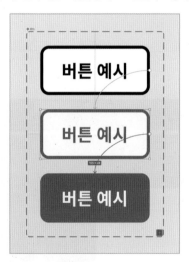

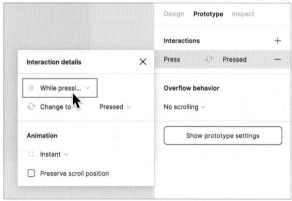

**06** 프레임을 만들고 버튼 에셋을 가져옵니다. 프로토타입 창은 프레임에서만 작동합니다.

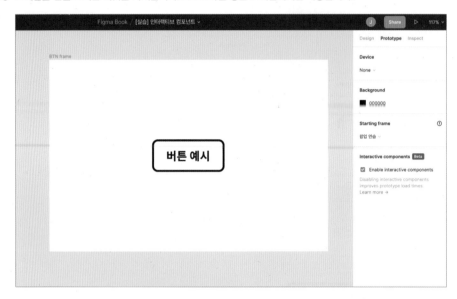

**07** 프로토타입 창에서 버튼이 잘 작동하는지 확인합니다.

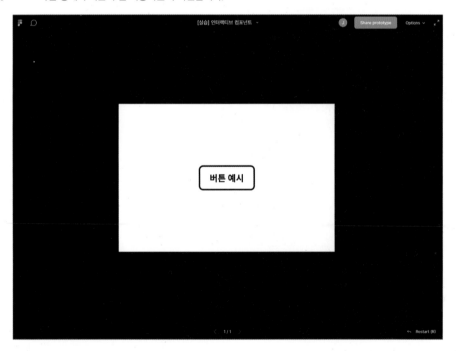

# [실습] 토글 인터랙티브 컴포넌트

☞ 실습 파일 : [실습] 인터랙티브 컴포넌트

**01** 실습 파일 두 번째 페이지의 토글 베리언츠를 확인하고 프로토타입 탭을 클릭합니다.

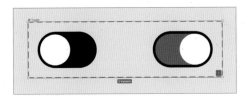

**02** Off 토글 버튼을 선택하면 나타나는 프로토타입 핫스팟을 클릭 드래그하여 On 상태의 베리언츠로 끌어줍니다.

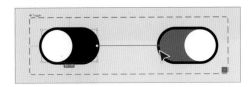

**03** 인터랙션 패널에서 인터랙션은 On click, 애니메이션은 Smart animate로 선택합니다. 이징 커브는 Ease in and out을 선택합니다.

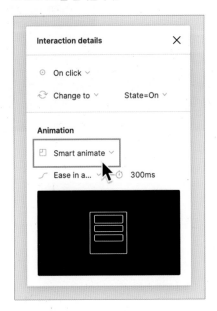

> **잠깐 👈** Smart animate를 적용할 때 두 프레임의 움직임을 적용할 레이어 이름이 같아야 자연스러운 애니메이션을 적용할 수 있습니다.

**04** On 토글 버튼을 선택하여 핫스팟을 Off 토글로 끌어주고 앞에서와 마찬가지로 인터랙션도 지정합니다.

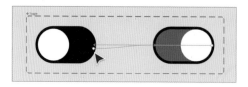

**05** 새로운 프레임에 토글 컴포넌트를 가져온 뒤 프로토타입 창을 열어 토글을 클릭합니다. 토글이 실제 웹처럼 작동하는 걸 확인할 수 있습니다.

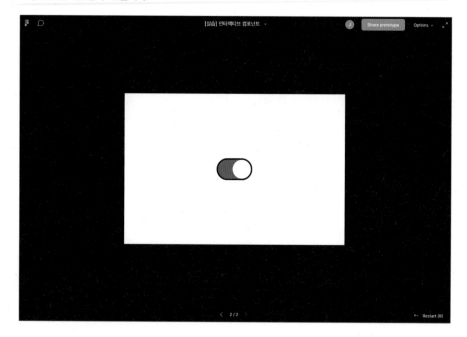

# [실습] 모달 팝업 인터랙티브 컴포넌트

☞ 실습 파일 : [실습] 인터랙티브 컴포넌트

프레임 바깥에 있는 창을 팝업으로 띄우는 인터랙션을 만들어봅시다.

**01** 실습 파일 세 번째 페이지의 모달 프레임을 확인합니다. 하단의 버튼은 첫 번째로 만든 샘플 버튼입니다.

**02** 프로토타입 모드로 전환한 뒤 [모달 열기] 버튼을 모달 프레임으로 클릭 드래그합니다.

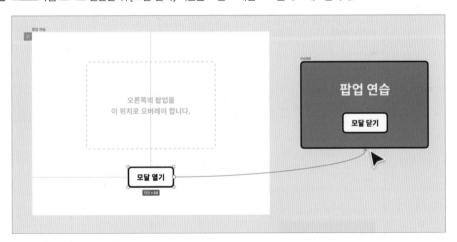

**03** 인터랙션 패널에서 Open overlay, modal로 변경합니다. 클릭하면 모달창을 여는 인터랙션입니다. 'Close when clicking outside' 옵션이 기본으로 선택됩니다. 화면 바깥을 클릭하면 창이 닫히는 옵션입니다.

**04** Overlay 옵션에서 Manual이 기본으로 선택됩니다. Animation 옵션에서 Dissolve, Ease in and out back, 500ms로 애니메이션 설정을 변경합니다.

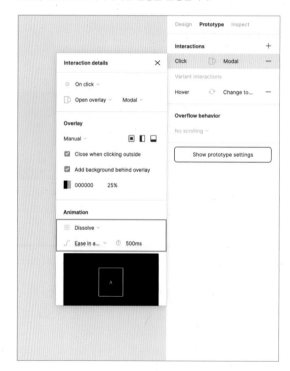

**05** 미리 만들어둔 점선 위치에 오버레이 팝업을 가져옵니다. 기본을 선택하면 자동으로 프레임의 중심에 나타납니다.

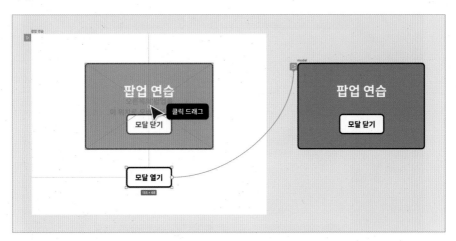

**06** 모달 프레임의 Close Modal을 클릭 드래그하여 프레임 오른쪽에 나타나는 파란색 X로 가져갑니다. 인터랙션 패널에서 On click, Close overlay가 자동 적용됩니다. 클릭 시 모달이 닫히는 인터랙션입니다.

**07** Modal 프레임 옆의 핫스팟을 선택하여 파란색 X 아래에 있는 Back 아이콘(⬛)으로 드래그합니다.

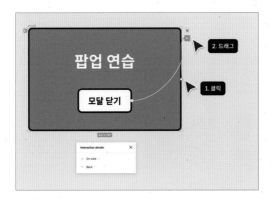

**08** 프로토타입 창을 켜고 버튼을 클릭하여 모달 인터랙션을 확인합니다.

## [실습] 이미지 캐러셀 인터랙티브 컴포넌트　　　　☞ **실습 파일: [실습] 인터랙티브 컴포넌트**

슬라이드 형태로 넘기는 UI를 캐러셀(Carousel)이라고 부릅니다. 하단의 현재 이미지 위치를 표시하는 점을 인디케이터 또는 내비게이터라고 부릅니다. 이미지를 드래그할 수 있고 인디케이터를 클릭해도 넘어갑니다. 변화를 알기 쉽게 하기 위해 이미지가 변하면 배경색이 달라지도록 구성했습니다.

**01** 실습 컴포넌트의 캐러셀 베리언츠를 확인합니다.

**02** Left 컴포넌트의 이미지를 선택하고 Middle 컴포넌트로 클릭 드래그합니다.

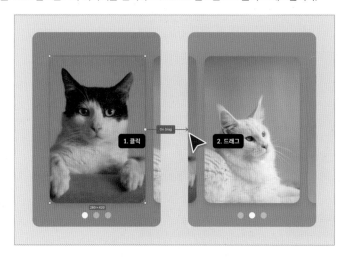

**03** 인터랙션 옵션은 On drag, Smart animate, Ease in and out, 500ms로 지정합니다.

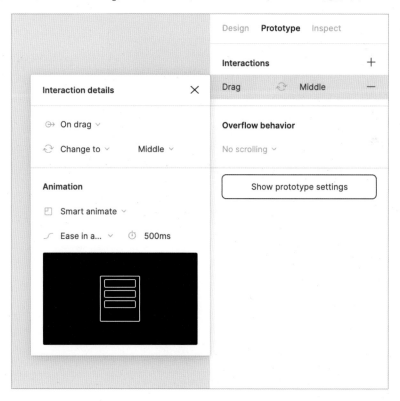

**04** 마찬가지로 Middle 컴포넌트의 이미지를 선택하고 Right 컴포넌트로 클릭 드래그합니다. 인터랙션 옵션은 동일합니다.

**05** Middle 이미지는 왼쪽으로도 드래그할 수 있도록 Left 컴포넌트로 연결합니다.

**06** Right 컴포넌트의 이미지는 Middle로 연결합니다. 프로토타입 창에서 이미지가 잘 드래그되는지 확인합니다.

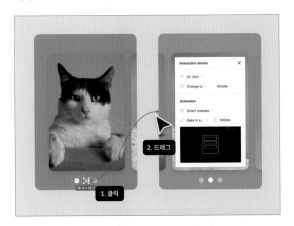

**07** Left 컴포넌트의 3번 인디케이터를 Right 컴포넌트로 클릭 드래그합니다. 인터랙션 옵션은 같습니다.

**08** Middle 컴포넌트의 1번 인디케이터는 Left로, 3번 인디케이터는 Right로 연결해줍니다.

**09** 같은 방법으로 Right 컴포넌트의 인터랙션을 Middle, Left 컴포넌트로 연결해줍니다.

**10** 새로운 프레임에 캐러셀 컴포넌트를 가져온 뒤 프로토타입 창에서 확인합니다.

## Lesson 05

# 파일 관리가 필요 없는 버전 히스토리

## 버전 히스토리 확인하기

피그마는 파일의 버전을 30분 단위로 오토세이브로 기록합니다. 파일 버전 히스토리 패널 오른쪽 상단의 [+] 버튼이나 다음 단축키로 새로운 버전을 저장할 수 있습니다.

- 윈도우: Ctrl + Alt + S
- 맥: Command + Option + S

파일 버전 히스토리는 상단 툴바의 이름 옆에 있는 드롭다운 메뉴에서 볼 수 있습니다.

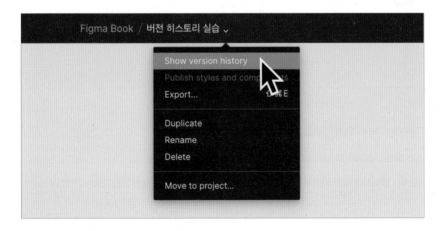

잠깐 👉 Organization 플랜에서는 Branch 기능을 활용하여 여러 버전의 수정 파일을 따로 관리할 수 있습니다. 팀 전체에 공유하기 어려운 수정이나 테스트 버전이 필요할 경우 브랜치를 활용하고 머지할 수 있습니다.

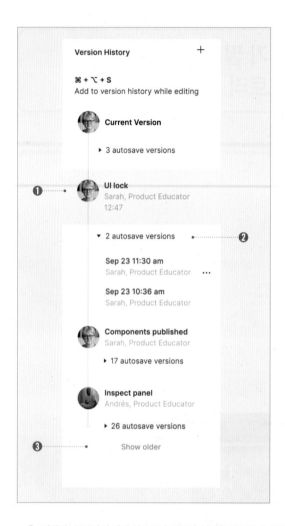

❶ 버전명: 클릭하여 버전 히스토리 이름과 설명을 작성할 수 있습니다.

❷ 오토세이브: 모든 오토세이브 시점을 확인할 수 있습니다.

❸ Show older: 클릭하면 이전 시점의 버전을 확인할 수 있습니다. 무료 플랜에선 30일까지 지원합니다.


## 버전 확인하고 되돌리기

앞의 버전 히스토리 패널 이미지에서 ❶번을 클릭하면 해당 시점의 디자인으로 변경됩니다. 이때는 수정은 안 되고 둘러보기만 지원합니다. 해당 버전으로 되돌리고 싶다면 [마우스 오른쪽 클릭 > Restore this version] 또는 [··· 옵션 버튼 클릭 > Restore this version]
을 선택합니다. 해당 시점으로 되돌려도 되돌리기 전 시점으로 복원 가능합니다.

버전 히스토리 모드에서 빠져나오고 싶다면 오른쪽 상단 메뉴 옆의 [Done] 버튼을 누릅
니다.

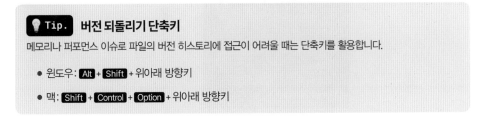

### 🔆 Tip. 버전 되돌리기 단축키
메모리나 퍼포먼스 이슈로 파일의 버전 히스토리에 접근이 어려울 때는 단축키를 활용합니다.

- 윈도우: `Alt` + `Shift` + 위아래 방향키
- 맥: `Shift` + `Control` + `Option` + 위아래 방향키

## [실습] 이전 히스토리로 복원하고 새로운 히스토리 저장하기

☞ **실습 파일: [실습] 버전 히스토리**

따로 파일을 저장할 필요가 없는 버전 히스토리를 실습해보겠습니다. 필요하다면 파일 자체를 복제해서 구분하여 관리해야겠지만 피그마에선 중간 세이브 파일을 걱정할 필요가 없습니다. '[실습] 버전 히스토리' 파일을 복제해도 같은 팀이 아니면 필자가 만든 버전 히스토리에 접근할 수 없습니다. 실습 파일을 토대로 직접 변경해야 버전 히스토리를 확인할 수 있습니다.

**01** 먼저 Version 1이라고 쓰인 아트보드를 만듭니다. 텍스트는 현재 버전을 구분하기 위한 용도입니다.

**02** 상단 툴바에서 드롭다운 아이콘을 클릭하고 [Show version history]를 클릭합니다.

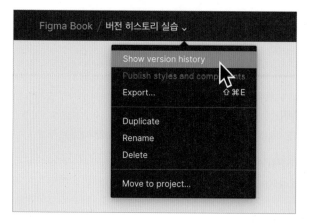

**03** 오른쪽의 버전 히스토리 패널에서 현재 버전이 최신인 걸 확인할 수 있습니다. [+] 버튼을 클릭합니다.

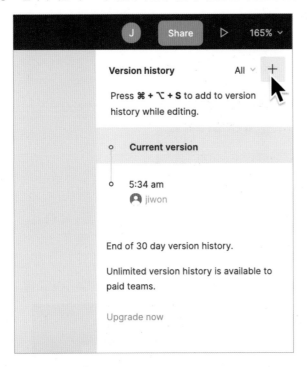

**04** 버전 히스토리 모달이 뜹니다. 이름과 간단한 설명을 작성하고 [Save] 버튼을 클릭합니다.

**05** 이제 기존의 디자인을 Version 2로 변경합니다.

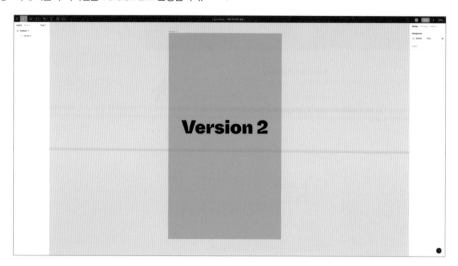

**06** 같은 방식으로 새로운 버전을 저장합니다.

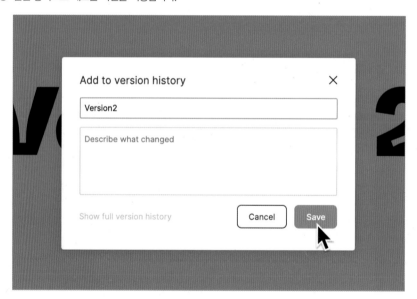

**07** Version 2가 저장된 걸 확인할 수 있습니다.

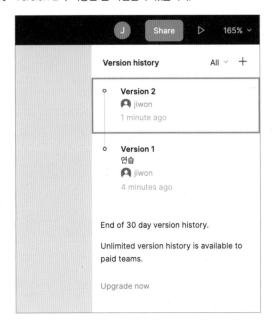

**08** Version 1을 클릭하면 이전 버전을 확인할 수 있습니다. 좌측 상단의 [Done] 버튼을 클릭하면 다시 Version 2 디자인으로 되돌아갑니다.

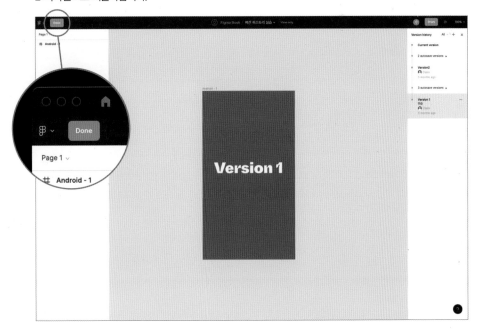

# Part 02

# 피그마로 디자인하기

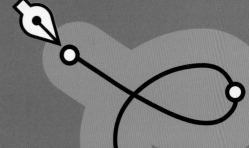

## 2부에서 다루는 내용

2부에서는 1부에서 배운 기능을 토대로 실제 서비스 예제를 제작합니다.

### 6장 iOS 뉴스 앱

iOS 서비스를 디자인할 때 알아야 할 요소를 배웁니다. 콘텐츠 레이아웃의 기본인 리스트와 카드 UI를 구성합니다. 메인 화면과 아티클 페이지가 자연스럽게 연결되는 프로토타입을 만들어봅니다.

### 7장 안드로이드 스포츠 클래스 앱

안드로이드 서비스를 디자인할 때 알아야 할 요소를 배웁니다. 다크모드를 디자인할 때 주의해야 할 점과 콘텐츠 배너 팁, 영상이 재생되는 프로토타입을 제작하는 방법을 알아봅니다.

### 8장 반응형 패션 라이브 커머스

반응형 디자인을 할 때 주의해야 할 점과 커머스 디자인을 위한 팁을 설명합니다. 모바일, 패드, 데스크톱 화면을 위한 레이아웃 그리드와 스크롤, 슬라이드 프로토타입을 제작합니다.

### 9장 디자인 시스템

디자인 시스템에 대한 전반적인 설명과 시작하는 방법을 배웁니다. 실습으로 만든 UI 컴포넌트를 토대로 B2B 서비스를 구성해봅니다.

### 10장 글로벌 NFT 마켓

컴포넌트 속성을 활용하여 다양한 정보를 다루는 NFT 마켓 예제를 만들어봅니다.

Chapter

# 6

# iOS 뉴스 앱

☞ 실습 파일: [예제] iOS 뉴스 앱

카드와 리스트 컴포넌트를 활용해서 기본적인 뉴스 앱을 디자인하려고 합니다. 뉴스와 블로그 서비스는 이미지와 텍스트를 여러 방식으로 보여주기 때문에 UI 구성을 연습하기 좋습니다. 예제의 전체적인 느낌과 구성은 뉴스 큐레이션 서비스 Quartz와 Google News를 참고했습니다.

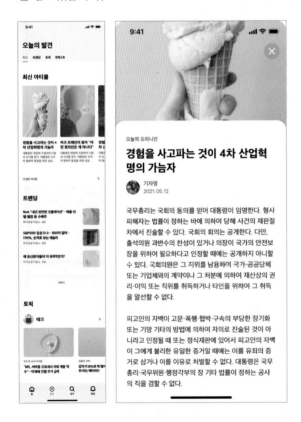

컬러, 텍스트 스타일을 저장하기 전에 스타일 가이드를 따로 만들면서 디자인하는 걸 추천합니다. 화면을 수정하거나 추가하면서 어떤 스타일이 변경되는지 한 눈에 관리하기 쉬운 장점이 있습니다. 또 컬러 피커나 'Property Copy & Paste' 기능을 활용하면 빠른 스타일 적용이 가능합니다. 개발 전달 전에 스타일 가이드를 만들어야 하거나 담당자가 바뀔 때를 대비해서도 좋습니다. 디자인이 계속 변하기 때문에 필자는 어느 정도 디자인이 완료된 다음에 스타일을 지정하는 편입니다.

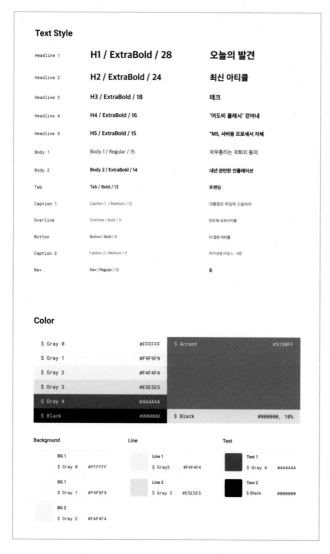

**Text Style**

| | | |
|---|---|---|
| Headline 1 | H1 / ExtraBold / 28 | 오늘의 발견 |
| Headline 2 | H2 / ExtraBold / 24 | 최신 아티클 |
| Headline 3 | H3 / ExtraBold / 18 | 테크 |
| Headline 4 | H4 / ExtraBold / 16 | '어도비 플래시' 걷어내 |
| Headline 5 | H5 / ExtraBold / 15 | "MS, 서버용 프로세서 자체 |
| Body 1 | Body 1 / Regular / 15 | 국무총리는 국회의 동의 |
| Body 2 | Body 2 / ExtraBold / 14 | 내년 완만한 인플레이션 |
| Tab | Tab / Bold / 13 | 트렌딩 |
| Caption 1 | Caption 1 / Medium / 12 | 대통령은 취임에 즈음하여 |
| Overline | Overline / Bold / 11 | 반도체 슈퍼사이클 |
| Button | Button / Bold / 11 | 더 많은 아티클 |
| Caption 2 | Caption 2 / Medium / 11 | 파이낸셜 타임스 · 9분 |
| Nav | Nav / Regular / 12 | 홈 |

**Color**

| | | | |
|---|---|---|---|
| $ Gray 0 | #FFFFFF | $ Accent | #5158FF |
| $ Gray 1 | #F9F9F9 | | |
| $ Gray 2 | #F4F4F4 | | |
| $ Gray 3 | #E5E5E5 | | |
| $ Gray 4 | #4A4A4A | | |
| $ Black | #000000 | $ Black | #000000, 10% |

| Background | | Line | | Text | |
|---|---|---|---|---|---|
| BG 1 | | Line 1 | | Text 1 | |
| $ Gray 0 | #FFFFFF | $ Gray2 | #F4F4F4 | $ Gray 4 | #4A4A4A |
| BG 1 | | Line 2 | | Text 2 | |
| $ Gray 1 | #F9F9F9 | $ Gray 3 | #E5E5E5 | $ Black | #000000 |
| BG 2 | | | | | |
| $ Gray 2 | #F4F4F4 | | | | |

잠깐 👉 컬러값의 $ 표시는 코드에서 일반적으로 변수를 표기하는 방식입니다.

디자인에 앞서 간단한 페이지 와이어프레임을 만들었습니다. 실무 기획 문서라면 화면 진행에 따른 모든 케이스의 와이어프레임과 자세한 설명을 포함합니다. 와이어프레임은 기본 뼈대입니다. 정봇값과 필요한 기능에 초점이 맞춰진 스케치이므로 이걸 그대로 디자인하지 말고 사용성, 미감, 트렌드, 인터랙션, 브랜딩 등 여러 요소를 생각하여 UI를 구성해야 합니다.

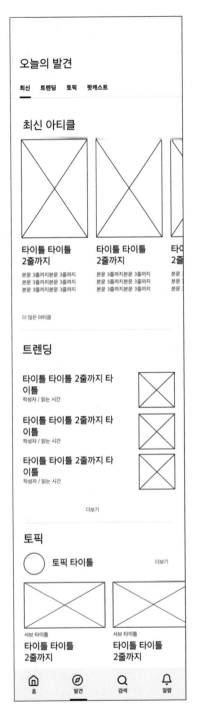

## Lesson 02

# 하단 내비게이션

여러 페이지에 공통으로 사용되거나 자주 노출되는 컴포넌트부터 만드는 편이 좋습니다.
다른 컴포넌트와의 균형감을 확인해야 하기 때문입니다.

**01** iOS 디자인에서 기본으로 사용하는 프레임 프리셋은 iPhone 11 pro / X입니다. width: 375가 기준입니다.
스크롤 영역만큼 늘어나도 한 화면에서 얼마나 보이는지 체크하기 위해 기본 프레임 사이즈의 틀을 옆에다 둡
니다.

**02** 내비게이션의 높이와 기본적인 수치는 공식 iOS 에셋을 참고합니다. 레이아웃 그리드에 4 columns, Margin 20을 설정해 아이콘 4개가 들어갈 위치를 잡아줍니다.

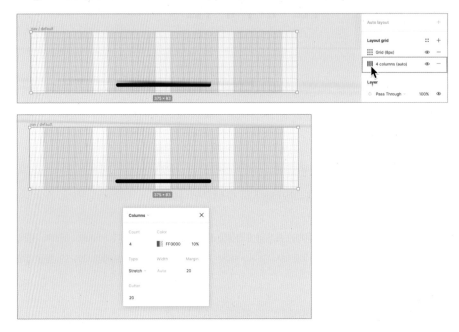

**03** 아이콘은 내비게이션에서만 사용되므로 내비게이션에 적합한 36×36 프레임으로 만듭니다. 아이콘을 만들 때 레이아웃 그리드는 4px 또는 2px을 사용해서 더 디테일하게 작업합니다. 세밀한 조정을 위해 Snap to Pixel 옵션을 필요에 따라 끄거나 켜고 진행합니다. 픽셀 스냅을 끄면 소수점 이동이 가능합니다.

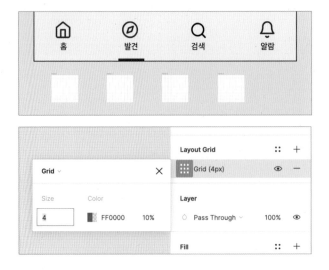

**04** 아이콘은 불리언 옵션(그림 1)과 벡터 스트로크 옵션(그림 2)을 활용해서 만듭니다. 복잡한 아이콘은 라인 툴로 한 번에 그리지 말고 도형을 나누어 그리고 합쳐서 만듭니다.

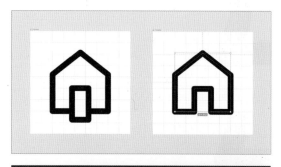

▶ 그림 1 불리언 옵션

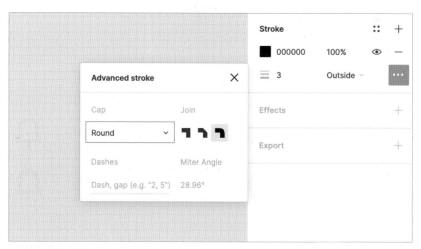

▶ 그림 2 스트로크 옵션

**05** 원형의 중심 앵커 포인트를 잡고 드래그하여 원형을 원하는 각도로 잘라냅니다.

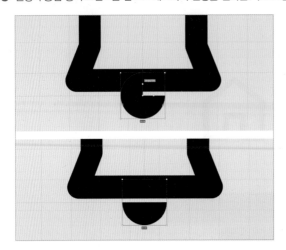

**06** 모든 아이콘을 선택하고 [Create multiple components]를 적용합니다. 아이콘명은 ic/home/off와 같은
규칙을 사용합니다.

**07** 아이콘 배경을 투명으로 바꾸고 만들어진 컴포넌트를 복제합니다.

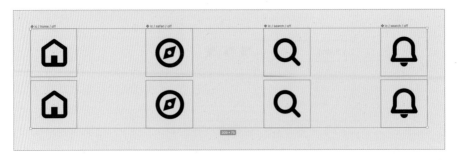

**08** 아이콘이 활성화되었을 때의 버전이 필요합니다. 복제한 아이콘을 모두 선택하고 단축키 `Ctrl / Command` +`R`을 누르면 리네임 모달창이 뜹니다. off를 on으로 이름을 변경합니다.

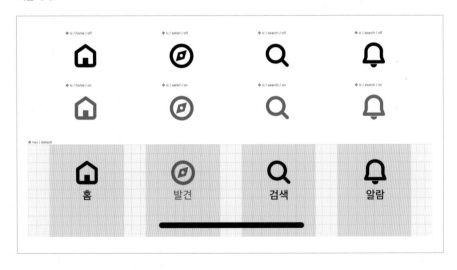

**09** 포인트 컬러에 맞는 색상을 선택하여 바꿔줍니다. 내비게이션 레이아웃 그리드에 맞게 아이콘과 텍스트를 배치합니다.

**10** 내비게이션 아이콘 영역을 감싸는 박스에 컨스트레인트는 Left and Right, Top입니다. 아이콘 컨스트레인트는 Center, Center를 적용하면 반응형일 때 아이콘 사이즈가 고정되지만 영역은 늘어나는 내비게이션이 됩니다. 내비게이션 프레임 사이즈를 바꿔보며 테스트해봅시다.

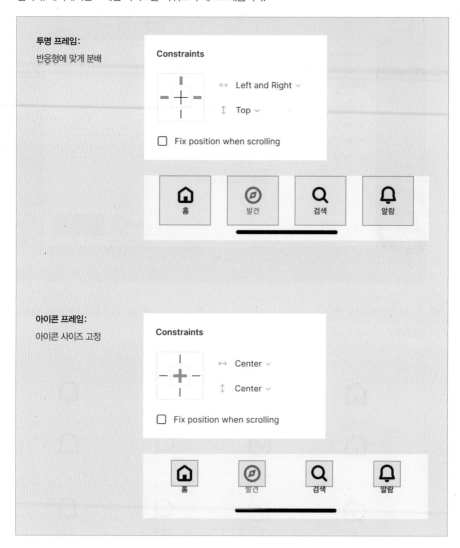

**11** 내비게이션을 컴포넌트로 만들고 기본 프레임에 삽입해서 확인합니다.

**12** 내비게이션을 선택하고 컨스트레인트 패널에서 Left and right, Bottom 설정과 Fix position when scrolling 옵션을 켜줍니다. 이제 프로토타입에서 고정되어 나타납니다.

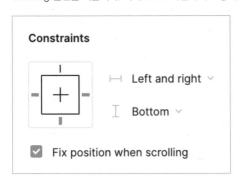

# 카드와 리스트

콘텐츠를 다루는 거의 모든 모바일 UI 화면에서 카드와 리스트 타입은 필수로 들어갑니다. 어떻게 효율적으로 두 컴포넌트를 만들고 구성하는지 알아봅시다. 예제의 텍스트는 네이버 뉴스에서 가져왔습니다.

**01** 타입 스케일은 본문 텍스트를 기준으로 비율을 지정합니다. 이 페이지에서는 가장 첫 번째 카드의 텍스트가 중요하므로 이 컴포넌트를 기준으로 합니다. 여기선 타이틀 16, 서브타이틀 12로 지정했습니다. 레이아웃 그리드는 margin 20, columns 5, auto입니다.

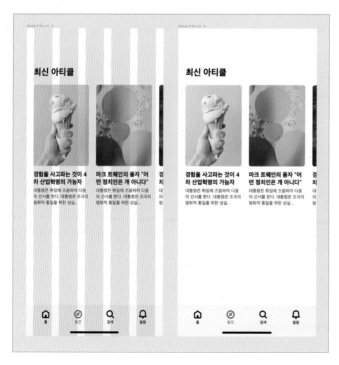

**02** 컴포넌트로 지정하고 전체적인 느낌을 보면서 마스터 컴포넌트를 수정합니다.

**03** 텍스트는 오토레이아웃을 지정해서 사이즈가 달라졌을 때 대응할 수 있도록 해줍니다. 개별 텍스트 박스 Resizing은 Fill container, Hug contents입니다. 오토레이아웃 프레임 전체는 Left and right, Hug contents로 지정합니다.

▶ 타이틀 텍스트 선택

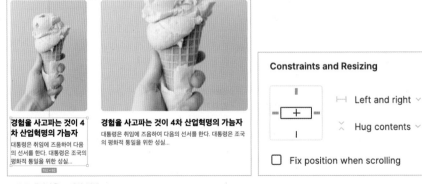

▶ 오토레이아웃 프레임 선택

**04** 기본 카드를 변형하여 리스트와 넓은 카드를 만듭니다. 비슷한 컴포넌트여도 텍스트의 길이와 차지하는 면적을 생각하며 타입 스케일을 조정합니다.

**경험을 사고파는 것이 4차 산업혁명의 가늠자**

대통령은 취임에 즈음하여 다음의 선서를 한다. 대통령은 조국의 평화적 통일을 위한 성실...

**마크 트웨인의 풍자 "어떤 정치인은 개 아니다"**

대통령은 취임에 즈음하여 다음의 선서를 한다. 대통령은 조국의 평화적 통일을 위한 성실...

경 치

대 의 평

**BoA "내년 완만한 인플레이션"…애플·인텔·퀄컴 등 수혜주**

파이낸셜 타임스 · 9분

**S&P500 입성 D-3… 800억 달러 · 170%, 숫자로 보는 테슬라**

파이낸셜 타임스 · 9분

**왜 유신론자들이 더 폭력적인가?**

파이낸셜 타임스 · 9분

반도체 슈퍼사이클

**"MS, 서버용 프로세서 자체 개발 착수"…악재에 인텔 주가 급락**

생활속 과학

갑자기 0%로 뚝 떨어
위 타는 배터리?

**05** 타이틀 텍스트 길이는 1줄 또는 2줄로 가변적인 경우가 있습니다. 오토레이아웃을 사용해 텍스트가 줄어들었을 때 텍스트 사이 간격이 줄어들 수 있도록 지정합니다. 리스트의 경우 우선 타이틀과 캡션을 오토레이아웃으로 지정합니다.

이 텍스트 프레임의 컨스트레인트는 Center, Center로, 오토레이아웃 옵션은 Fill container, Hug contents로 지정하면 텍스트 길이에 맞춰 자동으로 중앙 정렬되는 컴포넌트가 됩니다.

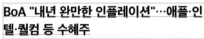

▶ 개별 텍스트 선택

▶ 오토레이아웃 프레임 선택

> **💡 Tip. 오토레이아웃 옵션**
>
> 코드에서는 모든 디자인을 감싸는 투명한 박스가 있다고 가정합니다. 오토레이아웃을 지정할 곳이 복잡하게 느껴진다면 수치가 가변적으로 움직여야 할 곳은 투명한 박스로 감싸서 움직이게 한다고 생각하세요.

**06** 디자인 요소 간의 간격도 Spacing 기준을 만들어 사용하는 편이 좋습니다. 되도록이면 8px 또는 4px 그리드를 따르며, 프로젝트에 따라 10, 5 단위 스페이싱을 사용하기도 합니다. 가장 중요한 부분은 시각적인 균형감입니다.

**07** 카드와 리스트 썸네일은 배경색과 어느 정도 명도 차가 있는 이미지를 쓴다는 가정을 했습니다. 토픽 프로필 이미지가 배경색이 흰색인 경우를 생각해 Stroke를 지정하고 Multiply를 선택합니다. 그러면 라인이 이미지나 배경과 떠 보이지 않습니다.

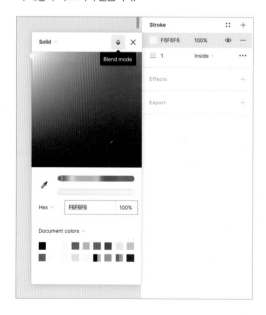

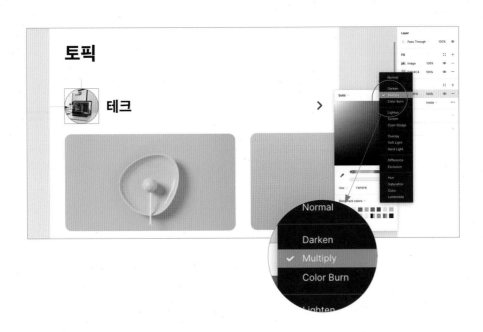

# Lesson 04
## 상단 탭 메뉴와 아티클 페이지

타이틀, 탭 영역, 기사를 확인하는 아티클 페이지를 디자인합니다.

**01** 상단 탭 메뉴의 전체 박스 영역에서 백그라운드 블러를 40, 투명도를 80으로 지정합니다. 스크롤되었을 때처럼 카드 이미지를 아래로 이동하여 블러 수치를 확인합니다.

**02** 프레임을 복제하여 스크롤하면 상단 타이틀 영역이 줄어드는 버전이 만들어집니다.

**03** 최신 아티클의 첫 번째 카드를 선택하면 페이지가 바뀌는 프로토타입을 만들려고 합니다. 새 프레임에서 최신 아티클 목록의 첫 번째 카드 이미지를 상단에 가져옵니다. 사각형을 만든 뒤 Property Copy & Paste로 쉽게 이미지만 복사할 수 있습니다.

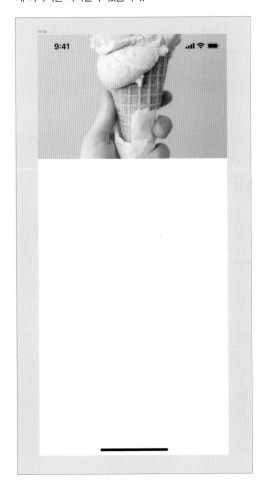

**04** 원형 툴과 라인 툴을 활용해서 오른쪽 상단에 닫기 버튼을 만듭니다.

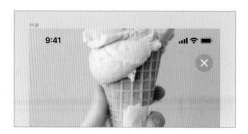

**05** 카드를 위로 올리면 글을 계속 읽을 수 있고 내리면 이전 화면으로 빠져나가고, 옆으로 넘기면 다음 아티클로 이동할 수 있는 형태입니다. 이미지에 살짝 걸치게 흰 박스를 만들고 그림자로 텍스트 카드가 살짝 떠 있는 느낌을 줍니다. 기존에 지정했던 텍스트 스타일을 기본으로 하여 아티클 타이포그래피를 구성합니다.

# Lesson 05

# 페이지 전환 프로토타입

미리 만든 메인 페이지와 아티클 페이지를 연결하는 프로토타입을 만들어봅니다.

**01** 미리 만든 main_1 화면을 가져와 상단 탭과 내비게이션 프레임을 선택하여 Fix position when scrolling 옵션을 켭니다. 전체 프레임은 프로토타입 탭의 [Overflow behavior > Vertical scrolling]으로 지정합니다.

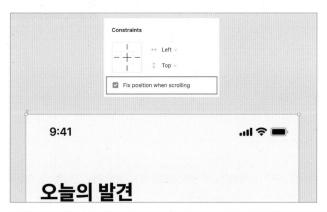

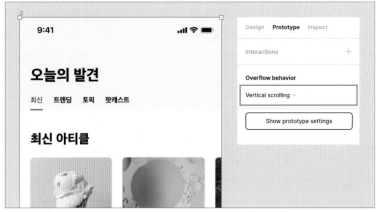

**02** 프로토타입 탭을 켜고 핫스팟을 드래그하여 0번과 1번 프레임 사이를 연결합니다. 아직 피그마 프로토타입에는 Scroll start 트리거를 지원하지 않습니다. 대신 트리거는 On click, 애니메이션은 Smart animate를 선택합니다.

**03** 첫 번째 카드를 클릭하면 아티클 페이지로 이동하도록 만들 예정입니다. 자연스러운 인터랙션을 만들려면 이전 화면과 다음 화면 전환 시에 연결되는 지점이 필요합니다.

프레임 1과 3을 자연스럽게 연결하기 위해 2번에 아티클 박스를 투명도 0%로 숨겨 놓습니다. 박스 위치를 살짝 내려 아래에서 나타나는 느낌을 줍니다. 프레임 1과 2는 After delay로 짧은 딜레이 시간 뒤에 연결해 화면이 바뀌었는지 눈치채지 못하도록 합니다. 복잡한 프로토타입이 필요할 때 이런 After delay나 None 트리거를 활용하여 화면을 연결할 수 있습니다.

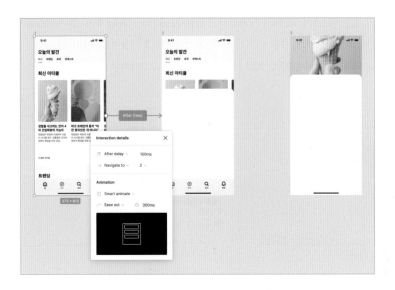

**04** 상단 탭 영역과 하단 내비게이션 컴포넌트가 각각 아래위로 사라지도록 프레임 바깥 위치로 두고, 투명도를 0%로 변경합니다. 텍스트 박스도 투명도를 0%로 변경합니다.

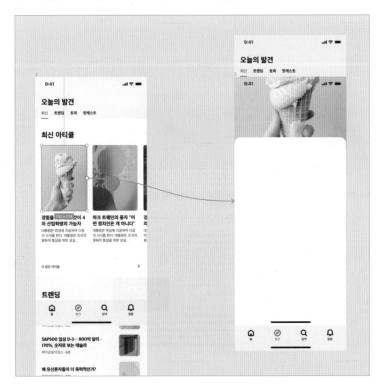

**05** 프레임 3에 숨어 있는 텍스트가 약간의 시간 차를 두고 등장하도록 After delay 트리거를 적용합니다. 같은 방식으로 본문 텍스트도 시간 차를 두고 나타나도록 투명도와 위치를 조정합니다. 이때 프레임 3에서 텍스트의 위치를 10px 아래로 이동시켜 놓으면 화면 전환 시 시간 차를 두고 아래에서 나타나는 자연스러운 느낌을 줍니다.

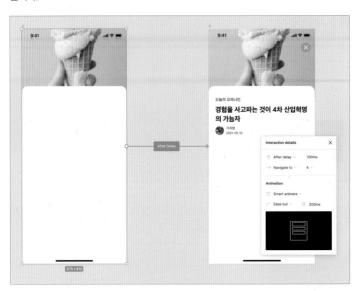

**06** 같은 방식으로 본문 텍스트도 시간 차를 두고 나타나도록 투명도와 위치를 조정합니다.

**07** 프레임 5에서 닫기 버튼을 클릭했을 때 첫 번째 프레임으로 이동하도록 핫스팟을 연결합니다. Smart animate를 사용하면 프레임 바깥에 숨겨진 탭과 내비게이션이 자연스럽게 나타납니다.

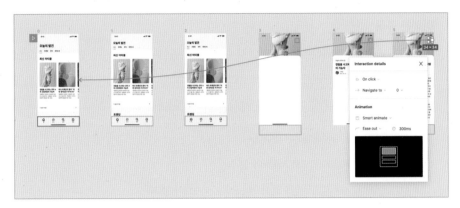

**08** 우측 상단 플레이 버튼(▶)을 클릭하여 움직임이 잘 적용되었는지 프로토타입을 확인해봅니다. 피그마 자체 프리뷰와 모바일 미러앱에서 확인 가능합니다.

**아이콘 활용 팁**

## 아이콘 규칙

아이콘은 의미가 명확하게 전달되면서 통일성이 있어야 합니다. 주요 디자인 시스템의 아이콘 라이브러리들을 확인해보면 다음 규칙을 지키고 있는 걸 확인할 수 있습니다. 아래는 아이콘을 활용할 때 지켜야 하는 요소입니다.

- 라인 두께와 라운딩이 동일해야 합니다.
- 기본 아이콘은 #000000으로 시작해야 합니다.
- 다양한 색상을 사용할 경우 명도와 채도의 균형이 비슷해야 합니다.
- 아이콘의 전체적인 덩어리감이 시각적으로 같아야 합니다.
- 한 아이콘에 너무 많은 정봇값(색상, 의미, 투명도)을 넣지 않습니다.
- 아이콘 사이즈의 기본은 가로세로 16, 24, 32, 64, 128, 512 등 8의 배수를 사용합니다.
- 소셜 로고 아이콘은 공식 브랜드 페이지에서 제공하는 최신 로고를 사용합니다.

아이콘 세트의 균형감을 맞출 때는 다음 그림과 같이 아이콘 그리드를 활용하면 도움이 됩니다. 아이콘 그리드는 머티리얼 디자인 가이드와 피그마 커뮤니티에서 쉽게 찾을 수 있습니다.

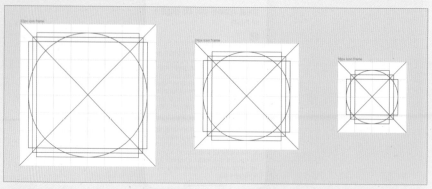

▶ 아이콘 그리드 예시

## 무료 아이콘 라이브러리 추천

다음은 바로 코드로 사용 가능한 아이콘 라이브러리와 svg로 아이콘을 제공하는 사이트입니다. 상업적 이용은 약관을 확인해주세요. 라이브러리 아이콘을 사용하면 아이콘을 바로 코드로 가져올 수 있어 편리합니다. Community 탭의 File에서도 다양한 아이콘 세트를 찾을 수 있습니다.

- Ionicons
- Feather icons
- The noun project
- Material Icon Light
- Flaticon

## 이미지 스프라이트

이미지 스프라이트(Image Sprites)는 여러 이미지를 한 장으로 모은 걸 말합니다. 여러 이미지를 서버에 요청하면 웹을 불러오는 속도가 느려집니다. 이때 이미지 스프라이트를 사용하여 이미지를 한 번만 불러오는 방식을 사용합니다. 포털, 오픈 마켓과 같은 대형 서비스에서 주로 사용합니다.

오른쪽 그림은 아마존 내비게이션의 이미지 스프라이트입니다. 국가, 하위 서비스, A/B 테스트에 따라 여러 아이콘을 사용할 때 좋은 방법입니다. 그림처럼 한 장의 이미지로 만들고 이미지의 위칫값(x: 0, y: 0)과 영역 사이즈(24px, 24px)를 이미지 위 빈 영역에 표기하여 전달합니다.

▶ 아마존 이미지 스프라이트

Chapter

# 7

# 안드로이드 스포츠 클래스 앱

# 예제 설명

☞ 실습 파일: [예제] 안드로이드 스포츠 클래스 앱

안드로이드는 하단에 소프트 키가 있어 iOS와 달리 '뒤로 가기' 버튼이 없어도 된다는 특징이 있습니다.

그 외에도 안드로이드와 iOS는 OS에서 기본으로 제공하는 UX 패턴에 따라 같은 서비스여도 다른 UX를 사용하는 경우가 많습니다. 더 많은 정보는 아래 링크를 참고해주세요.

https://appinventiv.com/blog/ios-vs-android-app-design-difference/

CLASSFIT은 라이브 홈짐 서비스로, 실시간 그룹 피티에 참여할 수 있고 1:1로 자세 코칭을 받을 수 있는 콘셉트의 서비스입니다. 나이키 런, 나이키 트레이닝 클럽, Calm, Master Class, Insight Timer 등의 서비스를 참고했습니다. 영상을 돋보이게 해주는 다크 UI를 기본으로 하고 포인트 컬러는 스포츠 음료나 스포츠 패션의 느낌을 살려 네온 민트 색상을 선택했습니다.

# 공통 레이아웃

공통 레이아웃 그리드를 만들어 통일성 있는 화면을 구성합니다.

**01** 단축키 **F** 로 안드로이드 프레임을 만든 후 높잇값을 갤럭시 S10 이상 비율인 760으로 변경합니다. 이후 컴포넌트가 늘어나면 더 길어질 예정입니다.

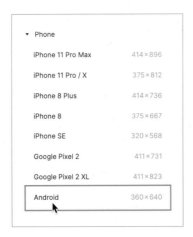

**02** 백그라운드 색상을 #000000으로 변경하고 margin 25, columns 6으로 레이아웃 그리드를 만듭니다.

**03** 피그마 커뮤니티에서 'Galaxy S10 Frame Simple Kit'를 검색하여 상태바와 하단 소프트키 UI를 복사합니다. 백그라운드 색상은 투명으로 변경합니다.

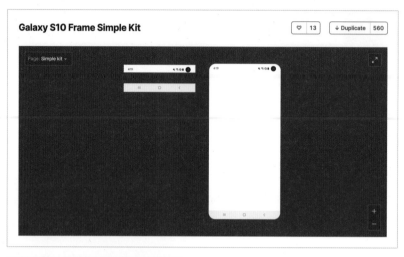

## 헤더

헤더(Header)는 최상단 영역에 주로 사용하는 용어입니다. 여기선 로고와 프로필 영역만 있습니다.

**01** 로고는 Gravesend Sans Medium 18px을 사용했습니다. 어도비 클라우드를 구독하면 Adobe Fonts에서 사용할 수 있습니다. 무료 폰트를 사용하고 싶다면 구글 폰트에서 제공하는 Montserrat로 변경하여 사용하세요.

잠깐 👉 Outline Stroke를 적용하여 텍스트를 벡터 레이어로 바꿀 수 있습니다. 폰트 유실 없이 로고를 공유하고 싶다면 아웃라인 처리를 해줍니다.

**02** 단축키 **O** 로 원형을 만들고 Content Reel 플러그인에서 프로필 사진을 불러옵니다.

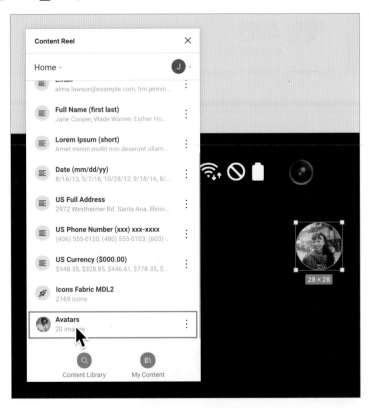

**03** 단축키 **F** 로 상단 영역을 감싸고 프레임명을 바꿉니다. 레이어 정리는 여러 가지 방법이 있지만 팀 내의 이름 규칙은 통일하여 사용하는 편이 좋습니다.

## 배너

앱에서 상단 배너는 서비스의 전체적인 인상을 좌우하며 가장 클릭률이 높은 중요한 위치입니다. 배너를 제작할 때는 프로모션 일정에 따라 빠르고 통일성 있게 제작해야 합니다.

따라서 처음 배너 가이드를 제작할 때부터 운영 효율성을 생각하면서 만들면 이후 업무가 수월해집니다.

**01** 사각형을 만들고 Unsplash 플러그인에서 'gym'을 검색하여 사진을 선택합니다.

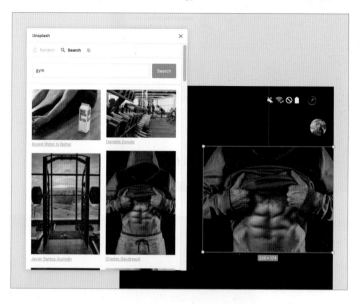

> 💡 **Tip.** **포토샵 없이 배경 지우기**
>
> 어두운 이미지라 큰 차이가 안 보이지만 Remove BG 플러그인을 사용해서 사진의 배경을 지우면 더 깔끔해집니다.

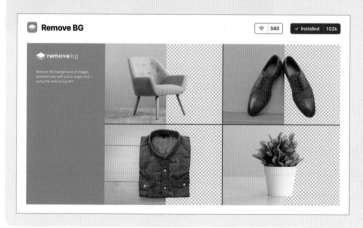

**02** 백그라운드 색상이 자연스럽게 보이도록 Fill 레이어를 추가하여 투명도 100%에서 0%까지 그라디언트를 만들어줍니다.

**03** 제목 텍스트를 작성합니다. 타이틀 폰트는 시각적인 포인트를 주기 위해 무료 폰트인 '여기어때 잘난체'[1]를 사용했습니다. 실습에선 다른 폰트를 사용해도 좋습니다.

---

1 https://www.goodchoice.kr

**04** 부제목을 작성하고 미리 만들어놓은 그레이스케일 중에서 gray3를 사용합니다.

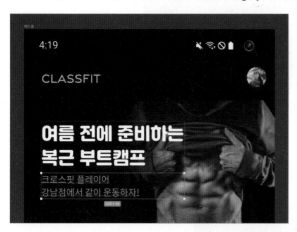

**05** 배너의 순서를 표시하는 인디케이터를 만들고 활성화되지 않은 부분은 단축키 **3**을 눌러 투명도를 30%로 변경합니다.

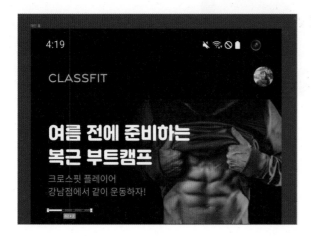

---

2 https://noonnu.cc

---

**💡 Tip.** **배너 운영**

여러 사람이 배너를 제작해야 하는 경우가 많습니다. 이미지를 가리지 않는 텍스트 영역과 적절한 글자 수를 정하고 가이드를 만들어서 공유하면 운영이 편리해집니다.

## 태그

**01** 사이즈 15, 두께 Medium, Neon Mint 색상의 텍스트를 쓰고 `Shift` + `A` 로 오토레이아웃 영역을 만들어줍니다. 복제할 요소이므로 컴포넌트로 만듭니다.

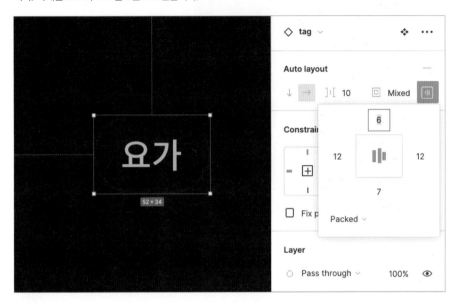

**잠깐 👉** 한글 텍스트는 영문보다 아래로 치우친 경향이 있습니다. 태그처럼 작은 컴포넌트에서는 bottom padding을 1px 더 크게 잡아야 중심이 맞아 보입니다.

**02** 인쇄 화면에선 잘 구분이 가지 않지만 태그를 탭했을 때 색상이 달라지도록 베리언츠에서 tap 상탯값의 색상을 다르게 만들어줍니다.

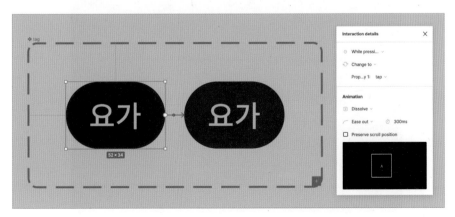

**03** `Ctrl / Command` + `D` 로 복제하고 간격을 8px로 맞춥니다.

## 클래스 카드

**01** 라운딩 10의 사각형을 만들어줍니다. 카드의 너비는 레이아웃 그리드를 켜서 정합니다. 사각형 색상은 gray7
입니다.

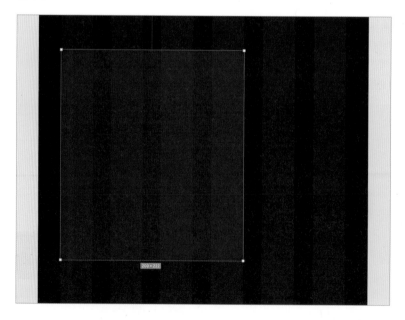

**02** 사진이 들어갈 사각형 영역을 만들고 Unsplash 플러그인에서 'yoga'를 검색하여 선택합니다.

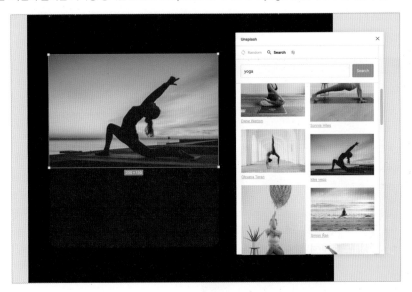

**03** 아래 사각형을 복제한 뒤 마스크를 씌워 사진에 라운딩이 적용되도록 합니다. 마스크와 콘텐츠 레이어는 그룹
으로 만들어 원하는 콘텐츠만 마스킹되도록 합니다.

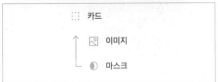

**04** 단축키 **T** 로 상단에 MD 추천 타이틀과 클래스 정보를 적어줍니다. 여기선 Montserrat를 숫자와 영문 폰트로 사용했습니다. 이렇게 한글, 영문, 숫자를 섞어 쓸 때는 폰트의 베이스라인을 기준으로 정렬합니다. 피그마의 정렬을 사용하면 텍스트 박스가 기준이므로 직접 조정해야 합니다.

> 💡 **Tip.** **폰트 섞어 쓰기**
>
> 노토 산스(Noto Sans)의 영문과 숫자는 비교적 완성도가 떨어지기 때문에 이렇게 폰트를 섞어 사용하는 경우가 종종 있습니다. '스포카 한산스 네오'[3]와 '프리텐다드'[4]는 노토 산스를 기반으로 영문과 숫자를 더 다듬은 폰트이므로 폰트를 한 종류만 사용하고자 할 때 추천합니다.

**05** 카드 컴포넌트를 복제하여 다른 사진과 텍스트를 넣어줍니다.

---

3 https://spoqa.github.io/spoqa-han-sans
4 https://cactus.tistory.com/306

## 구독 카드

**01** 프로모션 영역 카드를 만들어줍니다. 영역 사이즈는 레이아웃 그리드를 켜서 확인하면서 적절한 사이즈를 결정합니다.

**02** 색상 gray2, 사이즈 18px로 텍스트를 입력합니다. 영문과 숫자는 Montserrat로 바꿔줍니다. 버튼 색상은 흰색으로 바꿔줍니다.

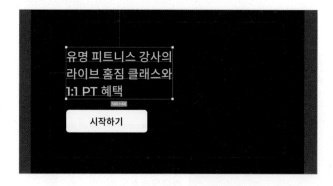

**03** 따로 제작한 프로모션용 이미지를 가져옵니다. 예제처럼 카드 영역을 살짝 벗어나게 오브젝트를 놓으면 주목도가 높아지는 효과가 있습니다. 뒤에 그라디언트 원형을 활용하여 배경을 만들어줍니다.

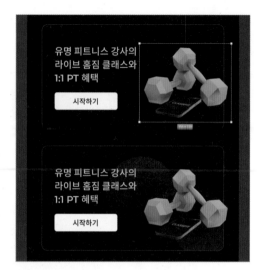

잠깐 👆 이 그래픽은 Blender라는 무료 3D 툴을 활용하여 제작하고 포토샵으로 수정했습니다. 더 간단한 3D 툴로 Splice가 있습니다.

## 내비게이션

**01** 높이 54px, 색상 gray7의 사각형을 만듭니다.

**02** iconify 플러그인에서 home, clock, bookmark, chart를 검색하여 아이콘을 찾아 넣어줍니다. 이때 모든 아이콘은 같은 사이즈여야 합니다.

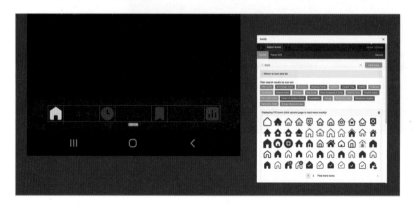

**03** home 아이콘은 gray2, 나머지 아이콘은 gray4로 색상을 변경합니다. 간격을 일정하게 distribute하고 전체를 그룹 지어 프레임 가운데로 정렬합니다.

**04** 내비게이션을 컴포넌트로 만듭니다.

**05** 각 영역을 구분하기 쉽도록 프레임으로 영역을 감싸주고 완성합니다.

상단 이미지는 자동 재생되는 애니메이션 Loop로 가
정했습니다. 예제에선 일반적인 이미지로 진행하지만
gif 파일을 피그마로 가져와서 프로토타입으로 영상
이 움직이는 걸 확인할 수 있습니다.

## 상단 강의 소개

**01** 피그마 프로토타입은 gif를 지원합니다. pexels.com에서 yoga 비디오를 다운로드하여 온라인 gif converter로 변환한 뒤 가져왔습니다. gif를 더블클릭하여 원하는 프레임으로 시작 이미지를 지정할 수 있습니다. 프로토타입에서 gif가 재생됩니다.

▶ Vlada Karpovich 님의 동영상, 출처: Pexels

**02** 이미지가 원하는 위치에 오도록 이미지를 크롭하고 마스크를 적용합니다.

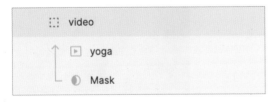

**03** 하단 그라디언트를 배경색과 같아지도록 투명도가 0~100%인 그라디언트 레이어를 위에 올려줍니다.

**04** 강의 정보 텍스트를 배치합니다. Live Event 텍스트는 로고와 같은 Gravesend Sans와 Neon Mint를 사용했습니다. 숫자는 Montserrat 폰트를 한글보다 1px 큰 사이즈로 사용했습니다. 텍스트 영역은 최대 글자 수를 생각하면서 범위를 지정합니다.

**잠깐👉** 여러 텍스트의 조합이 필요할 때 본문 Body 텍스트 사이즈를 기준으로 가독성과 정보의 위계에 맞춰 균형을 잡습니다. 더 자세한 설명은 9장 '디자인 시스템'에서 확인할 수 있습니다.

**05** 메인에 만들었던 구독 버튼의 컴포넌트 사이즈를 바꿔서 강의 시작 버튼을 만듭니다. 이 버튼은 색상만 바꿔서 여러 곳에 사용할 것이므로 베리언츠로 관리합니다. default, tap으로 상탯값을 구분해서 인터랙티브 컴포넌트를 적용했습니다. 애니메이션은 Dissolve를 적용하면 좀 더 부드러운 느낌을 줍니다.

**잠깐 👉** 버튼의 중요도에 따라서 디자인이 눈에 띄는 정도를 다르게 조정합니다. 중요 순서에 따라 Primary, Secondary라고 부릅니다.

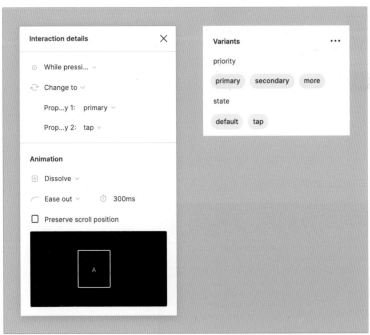

**06** iconify 플러그인에서 아이콘을 찾아 음소거 버튼과 닫기 버튼을 만듭니다. 배경색과 구분이 될 수 있도록 각각 어두운 배경과 그림자를 약하게 넣어주었습니다.

## 리스트

**01** 본문과 같은 텍스트를 사용해서 강사 소개와 일정 리스트를 만듭니다. 단축키 **L** 로 리스트 사이에 선을 만듭니다. 리스트 스타일은 반복되므로 컴포넌트로 만들고 복제합니다.

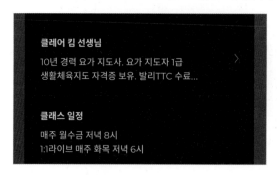

**02** 베리언츠에서 만든 Secondary 버튼을 가져옵니다.

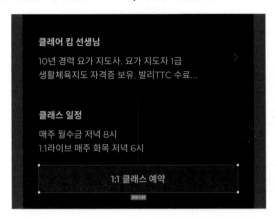

**03** 이전 클래스는 레이아웃 그리드를 켜고 썸네일의 너비를 결정합니다.

**04** 기존 리스트에 사용한 텍스트 스타일로 정보를 입력하고, 최대 텍스트 영역을 지정합니다.

**05** 리스트의 그룹을 만든 뒤 복제합니다.

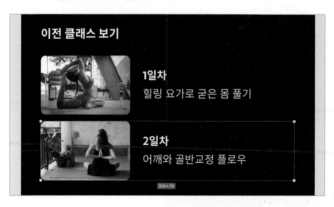

**06** Black 0~100%인 그라디언트 레이어를 위에 올리고 베리언츠에서 미리 만든 더보기 버튼을 가져옵니다. 이 경우처럼 버튼이 투명해도 백그라운드 영역을 지정해 놓아야 선택 영역을 만들기 좋습니다.

## 댓글

**01** 메인에서 만든 별 컴포넌트를 가져오고, 텍스트 Base line에 맞춰 정렬한 뒤 그룹을 지어줍니다.

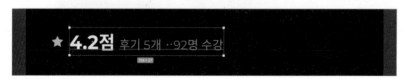

**02** 기존에 정한 텍스트 스타일을 토대로 필요한 텍스트를 배치한 뒤 원형 툴과 사각형 툴을 활용해 기본 프로필 예제를 만듭니다. 랜덤한 한글 텍스트는 '한글 입숨'[5]을 사용했습니다.

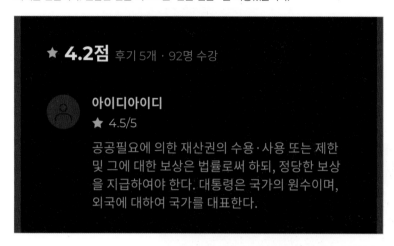

**03** 댓글 영역은 글자 수에 따라 높이가 변하기 때문에 오토레이아웃을 이용합니다. 우선 별 아이콘과 숫자를 오토레이아웃을 지정하여 중심을 맞춥니다. 그다음 모든 텍스트를 선택하여 다시 오토레이아웃을 지정합니다. 댓글은 반복되는 요소이므로 컴포넌트로 지정해줍니다.

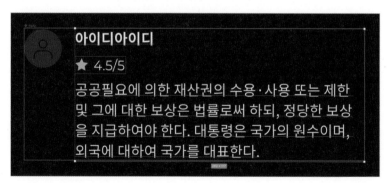

---

**5** http://guny.kr/stuff/klorem

**04** 프로필 베리언츠를 만들고 다양한 사진과 텍스트로 테스트하여 댓글이 적절하게 보이는지 확인합니다.

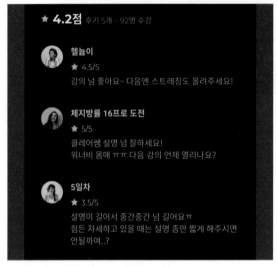

**05** 전체적인 간격과 균형을 확인하고 완성합니다.

💡 **Tip.** **이미지 로딩 시간 줄이기**

이번 예제처럼 피그마 파일에 이미지가 많이 들어 있으면 용량이 커지고 처음 열 때 로딩 시간이 길어집니다. Downsize 플러그인을 이용하면 전체 파일의 이미지 용량을 줄일 수 있습니다.

# 스크롤 프로토타입

프레임에서 높이가 더 길어지면 모바일 프로토타입에서 스크롤로 보여집니다. 피그마 기본 프리셋에서 우리에게 익숙한 갤럭시 해상도는 제공하지 않습니다. Android 프리셋 사이즈인 360×640은 현재 버전과 큰 차이가 있으니 예제에 미리 만들어놓은 최신 휴대전화 비율을 참고하여 디자인합니다. 프리셋에서 제공하는 Google Pixel 2의 비율은 9:18입니다. DPI 비율을 지켜야 하므로 너비는 360으로 고정합니다.

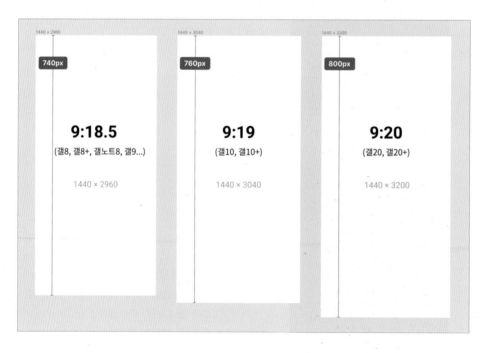

**01** 스크롤이 움직여도 위치가 고정되는 컴포넌트 프레임에 표시를 해두었습니다. 이 컴포넌트들이 프레임의 상단과 하단에 고정되도록 컨스트레인트를 지정하고 Fix position when scrolling 옵션을 켭니다.

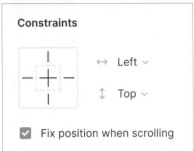

**02** 전체 프레임의 높이를 최신 휴대전화 비율인 760으로 바꿉니다. 전체 프레임을 선택한 뒤 Prototype 탭에서 [Overflow behavior > Vertical scrolling]을 선택합니다.

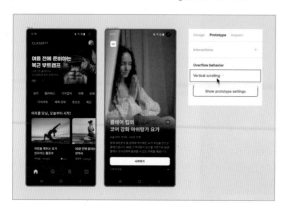

잠깐 👉 다른 프레임 안에 들어 있으면 Fixed 스크롤이 적용되지 않습니다. 컴포넌트가 고정되지 않는다면 스크롤이 적용된 가장 위 프레임 아래에 있는지 확인해보세요.

**03** 프로토타입을 확인하면 Fix된 컴포넌트 영역만큼 디자인이 가려지는 걸 확인할 수 있습니다. '컴포넌트 높이 + 필요한 간격'만큼의 박스를 프레임 안에 만들어 줍니다.

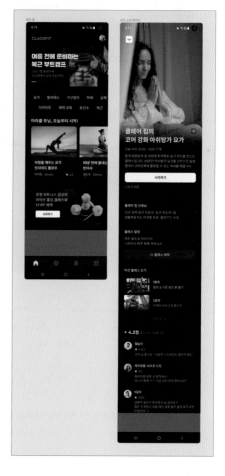

**04** 박스의 레이어 Opacity를 0%로 지정하면 박스는 보이지 않지만 간격은 유지됩니다. 다시 프레임 높이를 760으로 바꾼 다음 스크롤 아래에 간격이 생긴 걸 확인합니다. 프레임 안쪽의 디자인을 확인하고 싶으면 Clip content 옵션을 풀어줍니다.

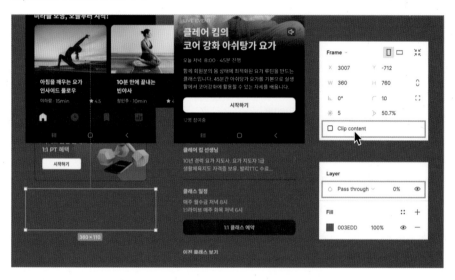

**05** 프로토타입 창과 피그마 미러에서 프로토타입이 작동하는 걸 확인할 수 있습니다.

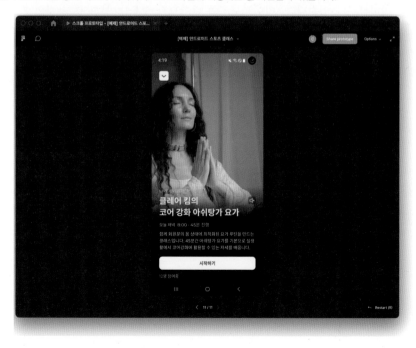

**다크모드의 디자인 요소**

다크모드 UI는 어두운 환경에서 가독성을 높이면서 눈부심을 줄여줍니다. 다음은 머티리얼 디자인 가이드에서 명시한 다크모드를 디자인할 때 기억해야 할 요소입니다.

- uxplanet.org: 8 Tips for Dark Theme Design

  링크: https://bit.ly/38nsJbS

- Material design – Dark theme

  링크: https://bit.ly/3mEEJhr

### 너무 높은 명도 차는 피합니다

완전한 검은색 #000000 위에 흰색 #ffffff 텍스트를 사용하면 명도가 너무 대조되어 오히려 눈을 아프게 만들고 가독성을 해칩니다. 아마존 킨들 앱은 가독성이 가장 중요한 이북 서비스임에도 불구하고 배경과 텍스트의 명도 차가 심해 눈이 피로합니다. 컬러 피커로 찍어보면 백그라운드는 #000000, 텍스트는 #acacac입니다. 좋은 예로는 리디북스가 있습니다. 라이트모드와 다크모드 모두 다양한 명도 차의 가독성 모드를 제공하여 사용자의 선택 폭이 넓습니다.

When they encounter losses, they become discouraged, doubt-ful, and frustrated, questioning themselves, their strategy and their career. Instead of dealing directly and constructively with their losses, they react to the emotions triggered by personaliz-ing the events.

Successful traders are those who trade for skill and not for

Font    Layout    Themes    More

Background Color

Continuous Scrolling

Spacing

▶ 아마존 킨들

침체기를 벗어나 경기가 호전될수록 성장주의 득세가 시작되는데, 예를 들어 2009년부터 줄곧 이어져왔던 미국의 불마켓 동안 성장주의 상대적 수익률이 점점 높아지는 것을 볼 수 있다(그래프가 하락할수록 성장주 P/E의 상대적 우세)

결국 성장주도 가치주도 각자의

T    글꼴                        KoPub 바탕체 〉

Tt    글자 크기 7                    −    +

    줄 간격 3                      −    +    ⋯

    문단 간격 원본                   ↻    ⋯

    문단 너비 5                     −    +

    문단 정렬                       원본 〉

▶ 리디북스

머티리얼 디자인은 다크모드의 백그라운드 색상으로 #121212를 지정하고 있습니다. 본인의 프로젝트에선 명도 차를 생각하여 배경과 텍스트 색상을 결정하는 걸 추천합니다.

## 채도가 높은 색상은 피합니다

고채도의 색상은 밝은 화면에서는 좋지만 어두운 화면에선 텍스트를 읽기 어렵게 만듭니다. 기존 컬러 팔레트가 고채도로만 구성되어 있다면 컬러값의 채도를 떨어뜨린 다크모드용 컬러 팔레트를 따로 만들어야 합니다. 머티리얼 가이드 기준으로 200~50의 색상을 사용합니다.

다크모드를 잘 적용한 서비스 중 하나인 디스코드(Discord)의 예를 보겠습니다. 일러스트레이션의 색상은 흰 배경에서는 파스텔톤이지만 어두운 배경에서는 선명하게 보입니다.

▶ 디스코드의 서버 선택 페이지

## 높잇값에 따른 명도차

라이트모드와 비슷하게 배경색보다 밝을수록 컴포넌트의 위치가 높아 보입니다.

| | |
|---|---|
| 00dp | 01dp |
| Overlay: 0% | Overlay: 5% |
| 02dp | 03dp |
| Overlay: 7% | Overlay: 8% |
| 04dp | 06dp |
| Overlay: 9% | Overlay: 11% |
| 08dp | 12dp |
| Overlay: 12% | Overlay: 14% |
| 16dp | 24dp |
| Overlay: 15% | Overlay: 16% |

▶ 안드로이드 기준이므로 수치는 dp로 표시합니다.

그림자의 확산(Spread)이 넓고 경계선이 명확할수록 카드가 강조되어 보이고 백그라운드에서 높이 떠올라 보입니다. 색상이 있는 그림자는 착시를 유발할 수 있기 때문에 피해야 합니다.

▶ 그림자 영역이 좁을 때

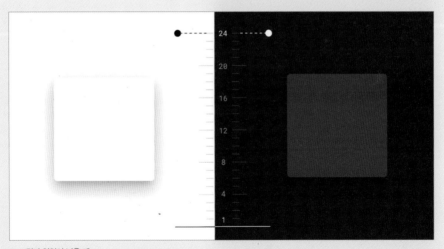

▶ 그림자 영역이 넓을 때

**Tip. 코드 한 줄로 다크모드로 변환하기**

삼성 인터넷과 같은 특정 브라우저에는 모든 색상을 invert하여 강제로 다크모드로 변환하는 기능이 있습니다. 이런 경우 텍스트나 CSS 요소는 알아서 변경되므로 보는 데 상관이 없지만 백그라운드가 투명인 이미지에 검은색 일러스트레이션이 있다면 이미지가 보이지 않습니다. 다크모드를 적용할 때 아이콘이 svg가 아니고 png이거나 일러스트레이션이 포함되어 있다면 미리 확인해주세요.

참고: https://dev.to/ekaterina_vu/dark-mode-with-one-line-of-code-4lkm

# Chapter

# 8

# 반응형 패션 라이브 커머스

# 예제 설명

☞ **실습 파일: [예제] 반응형 패션 라이브 커머스**

커머스는 확장성을 생각하면서 디자인해야 하는 서비스입니다. 초기에는 정봇값이 별로 없어도 각종 이벤트와 세일, 관련 상품 등 운영에 맞추어 유사한 컴포넌트가 많아지고 복잡해집니다. 특히 카드 UI의 경우 상품명, 가격, 할인 가격, 할인율, 태그 등 들어갈 요소가 많아질 가능성이 높다는 점을 염두에 두어야 합니다. 라이브 커머스의 경우에는 현재 라이브중인 상품, 이전에 방송했던 상품, 앞으로 방송할 상품 등 시간 요소도 중요합니다.

이번 예제의 콘셉트는 스트릿 패션 셀렉트샵 + 라이브 커머스입니다. 예제를 만들 당시 한창 라이브 커머스 트렌드가 유행했습니다. 해외 셀렙에게 유명한 제품을 인플루언서가 소개하고 판매한다는 기획을 콘셉트로 제작했습니다. 참고한 서비스는 아디다스 US 공식 샵, SSENSE, 29cm TV, 네이버 쇼핑 TV, 카카오 쇼핑 TV, Amazon Live 등입니다.

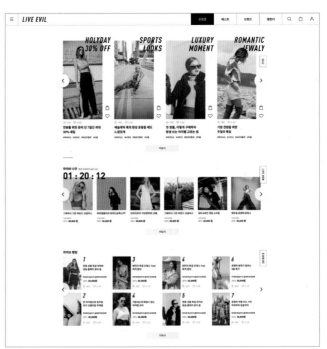

패션 커머스는 다양한 색상의 사진을 한 레이아웃에 많이 배치해야 합니다. 이런 특성 때문에 블랙 앤 화이트를 기본으로 하고 감각적으로 보이기 위해 잡지 편집 디자인의 구성과 폰트를 과감하게 사용하는 경향이 있습니다. 사용한 영문 폰트는 Din Pro이며 예제 스타일 가이드에 비상업용 폰트 다운로드 링크를 포함했습니다.

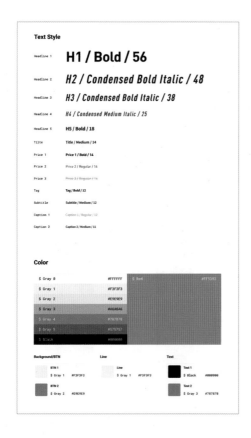

# 반응형 웹을 위한 레이아웃 그리드

반응형 웹은 크게 모바일 뷰, 패드 뷰, 데스크톱 뷰별로 디자인을 만듭니다.

**01** 모바일 사이즈인 Android 프레임을 만들고 레이아웃 그리드를 지정합니다. 픽셀 그리드 8px, 6 columns, Margin 20으로 지정했습니다. 모바일에서는 2와 3으로 나눠질 수 있는 6 columns를 자주 사용합니다.

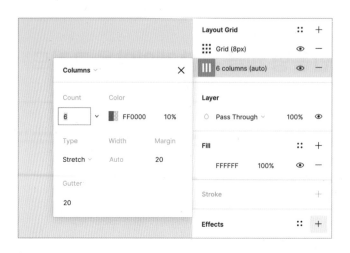

**Tip.** **수치 변경**

예제에선 순서대로 보여주기 위해 컬럼과 마진을 미리 정해놓고 시작하지만 실제 디자인할 때는 중간에 변경하는 일이 더 많습니다. 전체를 확인하면서 컬럼과 마진을 조정합니다.

**02** 레이아웃 그리드 패널의 [::] 버튼을 눌러 레이아웃 그리드 스타일을 저장합니다.

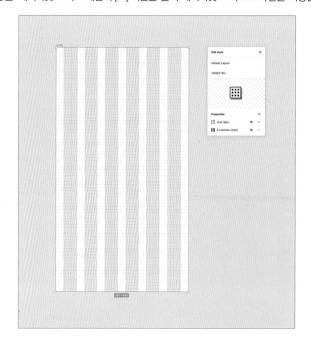

**03** 모바일 프레임을 복제하여 프레임을 iPad mini 사이즈로 변경합니다.

**04** Desktop 사이즈 프레임을 만든 뒤 1920×1080 사이즈로 변경합니다. 데스크톱 프레임에서 레이아웃 그리
드는 12 columns와 16px 그리드로 변경합니다.

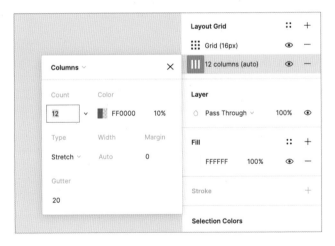

**05** 기존 높잇값 위치에 표시를 해놓고 필요한 만큼 높잇값을 늘립니다.

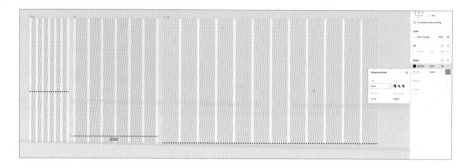

모바일 화면을 모두 디자인한 뒤 프레임 사이즈를 변경하는 방식도 있지만 기준이 되는 사이즈를 옆에 둬야 반응형을 예상하면서 디자인하기 편리합니다.

## Lesson 03 아이콘

상단 내비게이션에 필요한 햄버거 메뉴, 검색 등의 아이콘을 만들겠습니다. 실제 UI를 디자인할 때는 전체적인 느낌을 보면서 하나하나 만들고 모아서 다듬는 과정을 거칩니다. 원래는 전체적인 레이아웃을 먼저 디자인하는 편이지만 여기서는 아이콘을 자주 사용하기 때문에 첫 번째 과정으로 진행합니다.

**01** 바탕이 되는 프레임을 따로 만듭니다. 상단 내비게이션바 아이콘은 사이즈가 조금 크기 때문에 36×36으로 지정했습니다. 아이콘 픽셀 그리드는 4px로 지정합니다.

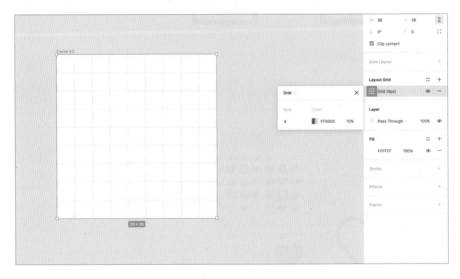

**02** 간단한 아이콘은 라인 툴과 펜 툴을 사용하여 만듭니다. 아이콘의 높이와 비어 있는 흰색의 네거티브 영역이 비슷하도록 시각적으로 조정합니다. 전체적인 UI를 비교하고 수정하여 라인 두께를 1.5로 정했습니다.

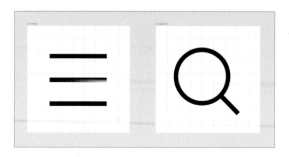

**03** 쇼핑백의 고리처럼 오픈된 벡터는 더블클릭 또는 `Enter/Return` 키로 벡터 편집 모드로 들어갑니다. 하단 반원을 선택한 후 지워줍니다. 양 끝의 앵커 포인트에 펜 툴로 선을 연장합니다.

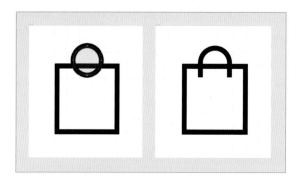

**04** 하트 같은 비교적 복잡한 도형은 iconify 플러그인을 활용합니다. 편집하기 좋은 아이콘을 가져온 뒤 수정하여 사용합니다.

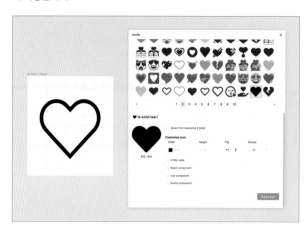

**05** 지금까지 만든 아이콘을 [Create multiple components]를 이용해서 컴포넌트로 만듭니다.

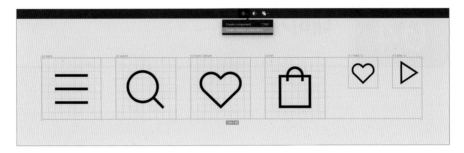

**06** 프레임 변화에 따라 모양이 변하지 않도록 아이콘 그룹의 컨스트레인트를 Center, Center 옵션으로 고정합니다.

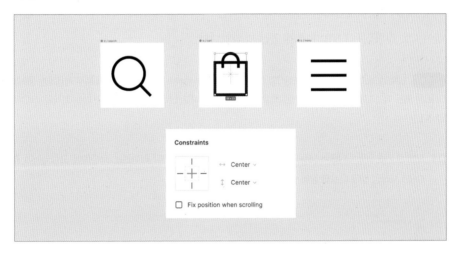

# 내비게이션

뉴스 앱에서 했던 방식을 응용해 상단 내비게이션을 만들겠습니다. 뉴스 앱에서는 상단 내비게이션과 하단 내비게이션으로 나누었지만 여기서는 로고와 아이콘이 있는 GNB와 각 페이지로 전환되는 LNB가 겹쳐 있는 방식입니다.

> **잠깐👈** GNB(Global Navigation Bar)와 LNB(Local Navigation Bar)는 현업에서 자주 사용하는 용어입니다. GNB는 모든 페이지에 공통으로 들어가는 최상위 내비게이션바이고, LNB는 GNB의 하위 메뉴 형식의 내비게이션바입니다.

**01** 모바일 기준으로 GNB의 메뉴와 로고는 좌측에, 검색과 장바구니 아이콘은 오른쪽에 고정되어야 합니다. GNB 프레임 안에 다음과 같이 컨스트레인트를 지정합니다.

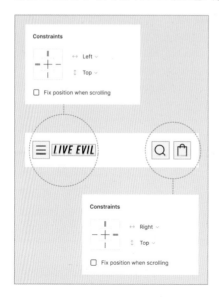

**02** LNB는 텍스트 레이어를 프레임 너비/n 사이즈로 지정하고 텍스트를 가운데 정렬합니다. 텍스트 레이어의 너비는 360/4이므로 90입니다.

잠깐 👉 UI는 수치가 중요하니 수치 입력 필드에 사칙 연산 기능을 활용하여 정확한 수치를 사용하도록 합니다.

**03** 이 프레임은 내비게이션이 늘어날 때 텍스트와 언더바 위치의 기준이 됩니다. 전체를 선택하고 그룹으로 만듭니다.

**04** 전체를 감싸는 프레임과 각 탭 프레임은 Scale, Scale 옵션으로, 언더바는 Center, Center 옵션으로 컨스트레인트를 지정합니다. 패드 뷰로 사이즈를 늘려보며 잘 지정되었는지 확인합니다.

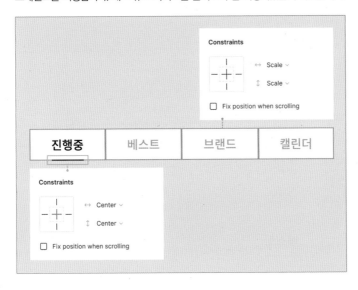

**05** 전체 그룹을 선택한 뒤 컴포넌트로 지정합니다.

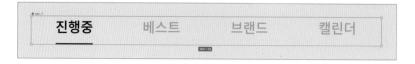

**06** 오른쪽 디자인 패널에서 Variants 옆의 [+] 버튼을 클릭합니다.

**07** 베리언츠가 생기며 자동으로 첫 번째 컴포넌트가 복제됩니다. 복제된 컴포넌트에서 두 번째 탭을 활성화된 상태로 변경합니다.

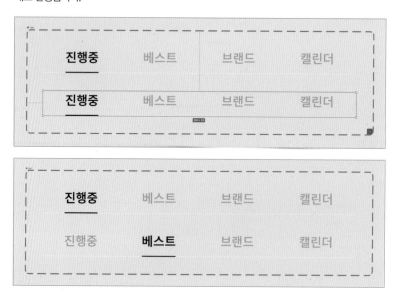

**08** 복제된 베리언츠의 프로퍼티값을 2로 변경합니다. 베리언츠의 보라색 라인을 선택하면 베리언츠 프로퍼티명을 변경할 수 있습니다. 알아보기 쉽도록 Tap Number라고 변경하겠습니다.

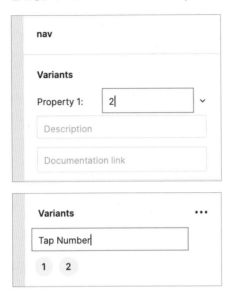

**09** 같은 방식으로 베리언츠를 복제하여 각 탭이 활성화된 버전을 만들어줍니다.

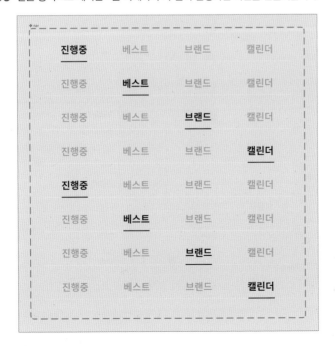

**10** 각 탭에 새로운 콘텐츠가 올라왔을 때 알리는 빨간 태그를 추가하겠습니다. 4×4 사이즈의 원형을 만들고 tag / new라는 이름으로 변경한 뒤 컴포넌트를 만듭니다. 이때 컨스트레인트는 Center, Center 옵션으로 지정합니다. 탭이 늘어나도 태그 사이즈는 그대로 유지됩니다.

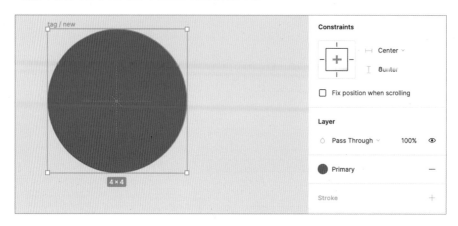

**11** 4개의 베리언츠를 모두 복제하여 각 탭의 프레임 안에 태그 컴포넌트를 넣어준 뒤 베리언츠 속성이 겹치지 않도록 지정합니다.

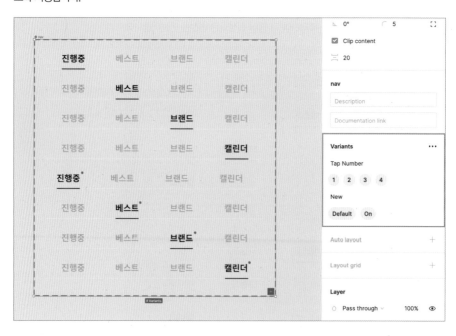

**12** 에셋 패널에서 nav 컴포넌트를 가져와서 Tap Number와 New 속성을 변경하여 베리언츠가 잘 작동하는지 확인합니다.

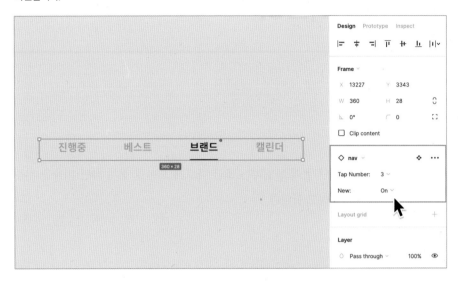

**13** 데스크톱 사이즈는 너비가 넓기 때문에 GNB와 LNB가 합쳐진 데스크톱 전용 내비게이션을 만들었습니다. 이렇게 디자인이 아예 다른 경우 개발자에게 전달할 때 변경되는 뷰포트 수치도 가이드와 함께 전달해야 합니다. 이 경우는 대략 1400px 이상일 때 변경되는 걸로 생각했습니다.

> 💡 **Tip. 터치와 클릭 영역**
>
> 터치는 더 넓은 영역이 필요하지만 클릭은 조밀한 선택이 가능합니다. 데스크톱에서 아이콘과 버튼의 사이즈를 지정할 때도 보이지 않는 패딩을 이용해 터치와 클릭 영역을 디자이너가 지정해야 파일도 깔끔하고 통일감 있는 유지보수가 가능합니다.

## Lesson 05 카드 UI

앞서 살펴본 뉴스 앱이나 클래스 앱과는 조금 다르게 모바일 전체 화면 비율을 기준으로 하는 카드 UI를 구성하려고 합니다.

**이벤트 캐러셀 카드**

회전목마처럼 계속 다음 카드가 나오는 UI를 캐러셀(Carousel)이라고 합니다.

**01** 사각형을 만들고 Unsplash 플러그인에서 fashion을 검색해 이미지를 불러옵니다. 실제 라이브 커머스라면 최상단 프로모션에 당연히 비디오를 적용하겠지만 gif 프로토타입은 7장 '안드로이드 스포츠 클래스 앱'에서 실습했으므로 여기선 이미지로 진행합니다.

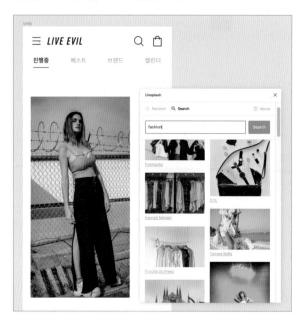

**02** 패션 잡지 느낌을 주기 위해 이미지에 걸쳐 있는 타이틀을 추가합니다. Din Pro-Condensed Bold Italic을 사용했습니다.

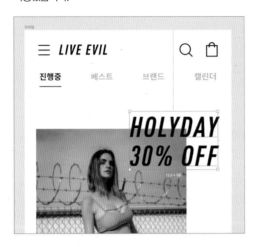

**03** 텍스트 길이와 태그가 늘어나도 대응할 수 있도록 두 텍스트 영역을 선택하고 오토레이아웃을 지정합니다. 텍스트와 태그 수를 변경하며 테스트해봅시다. 여기서 텍스트는 최대 2줄, 태그는 5개까지로 제한합니다. 카드 UI는 거의 항상 오토레이아웃을 활용한다고 생각하면 좋습니다. 조회수와 좋아요 숫자 부분도 오토레이아웃을 지정하여 일정한 간격을 유지하도록 지정해줍니다.

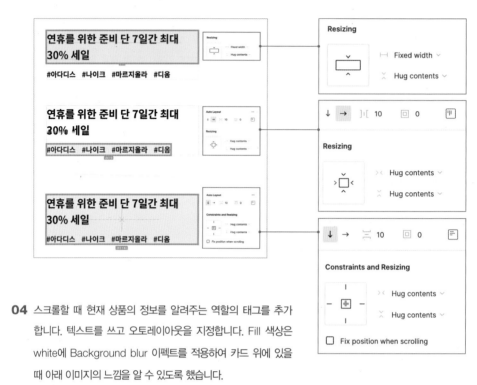

**04** 스크롤할 때 현재 상품의 정보를 알려주는 역할의 태그를 추가합니다. 텍스트를 쓰고 오토레이아웃을 지정합니다. Fill 색상은 white에 Background blur 이펙트를 적용하여 카드 위에 있을 때 아래 이미지의 느낌을 알 수 있도록 했습니다.

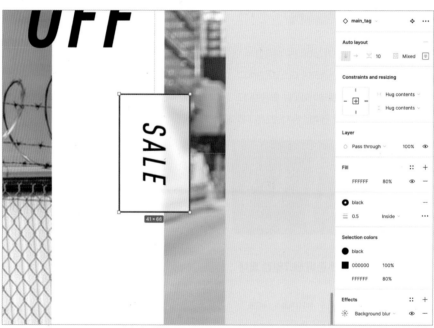

**05** [더보기] 버튼과 슬라이드 위치를 표시하는 인디케이터를 만듭니다.

**06** 카드는 화면에 걸쳐 있어야 가로 스크롤이 된다는 힌트를 줄 수 있습니다. 가로 스크롤은 슬라이드와 달리 현재 위치를 표시하는 인디케이터가 없어도 됩니다.

시간 텍스트는 이벤트 타이틀과 비슷한 느낌으로 카드 위에 얹어 강조했습니다. 이런 시각적 요소에 스크롤을 따라 트랜지션을 넣으면 더 재밌는 요소가 될 수 있습니다.

**잠깐👆** 피그마에서는 텍스트 소스가 바뀐다든가 스크롤에 따라 중력 가속도로 움직이는 수준의 디테일한 프로토타입은 제작할 수 없습니다. 더 높은 수준의 프로토타입을 제작하려면 Framer를 활용하거나 웹/앱에서 어떤 시각적 응용이 가능한지 아는 상태에서 After Effect, Lottie 등을 활용하여 개발자에게 전달해야 합니다.

**07** 라이브 랭킹 섹션에서도 기존에 만든 컴포넌트를 활용하여 랭킹 카드를 다시 구성합니다. SALE과 LIVE NOW 정보가 한 카드에 모두 들어가고 랭킹 순위가 가장 처음에 보이도록 했습니다.

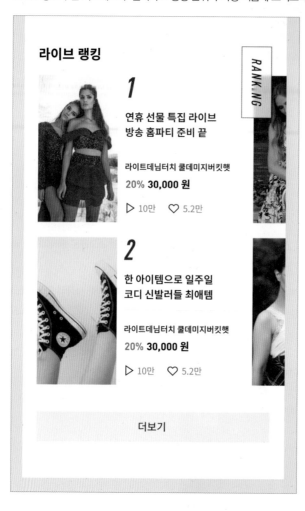

# 패드 뷰와 데스크톱 뷰

모바일 화면을 기본으로 패드와 데스크톱 사이즈에 최적화된 디자인으로 변경합니다.

**01** 완성된 모바일 뷰를 복제한 뒤 프레임을 패드 사이즈로 변경합니다. 카드 콘텐츠의 리사이즈를 고정으로 하여
프레임이 늘어나도 이미지가 늘어나지 않도록 합니다. `Ctrl/Command` 키를 누르면서 드래그하면 프레임 내
부 오브젝트에 영향을 주지 않고 프레임 사이즈를 변경할 수 있습니다. 데스크톱 뷰도 마찬가지 방식으로 사
이즈를 늘리고 미리 만들어놓은 내비게이션을 상단에 붙입니다.

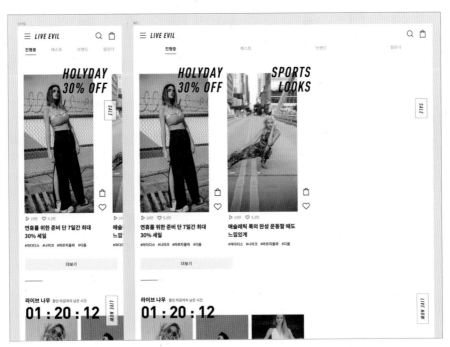

**02** 패드 뷰와 웹 뷰에서는 슬라이드를 넘길 수 있도록 양옆에 [Next] 버튼을 추가합니다. 패드 뷰는 터치와 클릭을 둘 다 염두에 두어야 하니 버튼이 필요합니다.

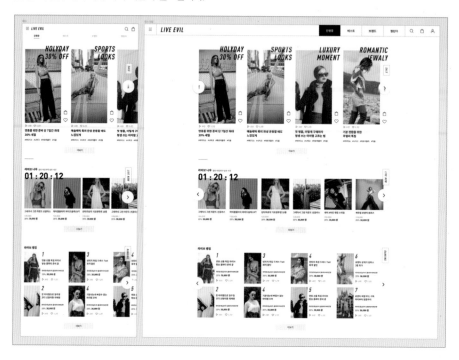

---

**💡 Tip.** **CSS Peeper**

디자인에서 간격, 텍스트 사이즈, 버튼 사이즈 등을 어떻게 해야 할지 고민된다면 자주 가는 사이트에서 직접 수치를 확인하는 방법이 있습니다. 크롬 플러그인 CSS Peeper를 활용하면 크롬 개발자 도구를 활용하는 것보다 간단하게 CSS 정보를 알 수 있습니다. 이미지와 코드를 구분하고 사이트에 사용된 이미지를 다운받을 수 있습니다.

▶ 전체 화면에서 사용된 컬러값을 빠르게 확인하고 복사할 수 있습니다.

# 가로 스크롤 프로토타입

가로 스크롤은 세로 스크롤과 같은 방식입니다. 콘텐츠를 프레임으로 감싸고 스크롤 옵션을 변경합니다.

**01** 스크롤이 보이는 영역을 Frame으로 감싸줍니다. 영역 구분이 쉽도록 파란색 Stroke로 표시합니다. 파란색으로 표시된 프레임을 선택하고 프로토타입 탭에서 [Overflow behavior > Horizontal scroll]을 선택합니다. 프로토타입 창에서 가로 스크롤이 움직이는지 확인합니다.

**02** 프레임을 선택하고 Clip content 옵션을 풀면 숨겨진 카드가 전부 보입니다. 스크롤 프레임 안쪽에 원하는 간격만큼 박스를 만들어줍니다.

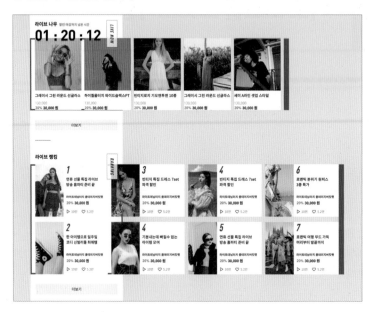

**03** 레이어 Opacity를 0%로 만듭니다. 이때 Fill이 아닌 레이어 전체의 투명도가 0%여야 합니다. 구분을 위해 켜 두었던 파란색 Stroke도 없애줍니다.

**04** Clip contents 옵션을 다시 켜고 프로토타입 창에서 확인합니다. 각 섹션의 가로 스크롤이 모두 잘 작동하는 걸 확인할 수 있습니다.

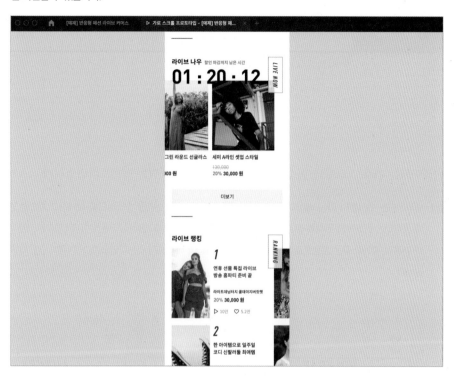

# 슬라이드 프로토타입

슬라이드는 가로 스크롤과 비슷해 보이지만 페이지가 바뀌는 프로토타입입니다.

**01** 슬라이드는 스크롤이 아닌 페이지가 넘어가는 방식입니다. 카드 수만큼 슬라이드를 복제하고 카드를 넘겼을 때 움직이는 콘텐츠의 위치를 변경합니다. 하단 인디케이터의 위치도 슬라이드에 맞춰 조정합니다. 이때 레이어 이름이 같아야 같은 콘텐츠로 인식하므로, 프로토타입이 작동하지 않는다면 레이어 이름이 같은지 확인해 봅시다.

**02** 프로토타입 탭을 선택합니다. 슬라이드 프레임을 선택하여 슬라이드 1 > 2 > 3 순서로 각 페이지를 연결합니다. 트리거는 On drag를 선택합니다.

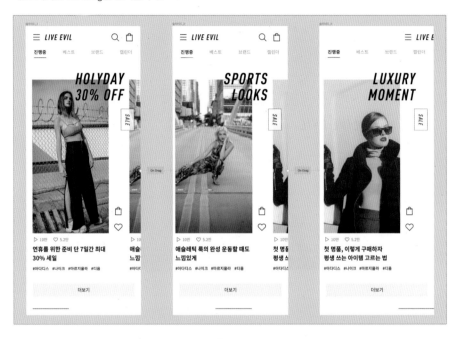

**03** 마지막 프레임에서 Back으로 핫스팟을 연결하여 이전 프레임으로 돌아가도록 지정합니다. 트리거는 On drag를 선택합니다.

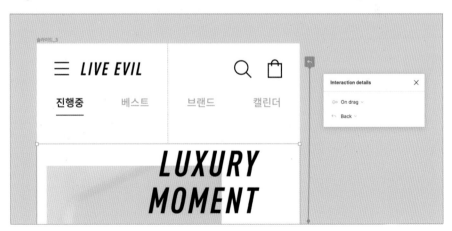

**04** 슬라이드 2 프레임에서는 이미 드래그 트리거를 사용했으니 On tap으로 Back에 연결합니다. 프로토타입을 시연할 때 드래그와 클릭을 구분하여 슬라이드를 오갈 수 있습니다.

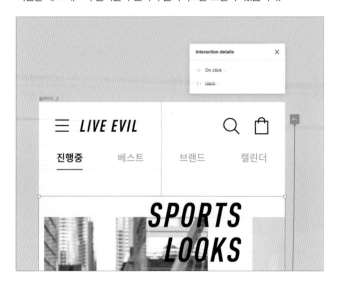

**디자인 노하우**   ## 반응형 디자인의 이해

반응형은 모바일 > 패드 > 데스크톱 화면 순서로 만듭니다. 데스크톱 뷰 해상도는 사람들이 많이 사용하는 화면을 기준으로 합니다. statcounter.com에선 전 세계인이 사용하는 화면 해상도 통계를 제공합니다. 1위인 1920×1080을 기준으로 하되, 2위인 1366×768 화면에서도 잘 보이는 방식을 자주 사용합니다.

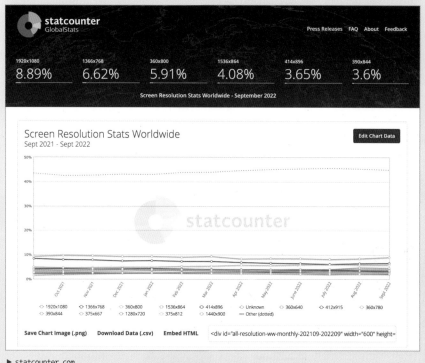

▶ statcounter.com

## 반응형 방식 선택

반응형 사이트를 만들 때 두 가지 방식을 선택할 수 있습니다.

- 모바일, 패드, 데스크톱 사이즈의 브레이크 포인트에 디자인이 변경되도록 구성
- 데스크톱과 모바일 페이지를 아예 분리하여 운영

첫 번째는 자주 볼 수 있는 유형이며 한 도메인 주소에서 반응형이 자연스러운 게 장점입니다. 스타트업, IT 뉴스 사이트인 techcrunch.com이 좋은 예입니다.

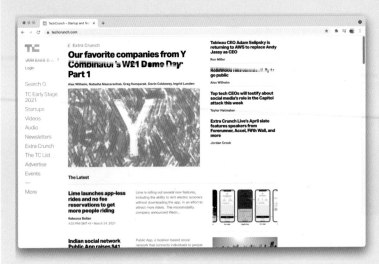

▶ 데스크톱 뷰

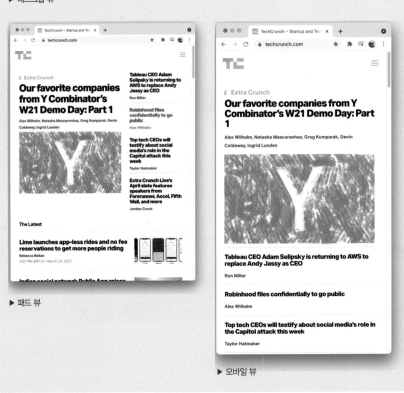

▶ 패드 뷰

▶ 모바일 뷰

두 번째는 주로 포탈처럼 복잡한 레이아웃이어서 디자인을 변경하기 어려울 때 사용합니다. 모바일 도메인을 m.naver.com처럼 페이지를 분리하여 운영합니다. 데스크톱 뷰가 고정이며 브라우저 사이즈에 반응하지 않습니다.

▶ 데스크톱 뷰

▶ 모바일 뷰

## 브레이크 포인트

브레이크 포인트는 반응형 웹에서 사이즈가 변화하는 지점을 말합니다. 크롬 개발자 도구를 이용해서 자주 가는 사이트를 확인해보면 이해하기 쉽습니다. 크롬 브라우저에서 [마우스 오른쪽 클릭 > 검사]를 클릭하면 다음 그림과 같은 창이 나옵니다.

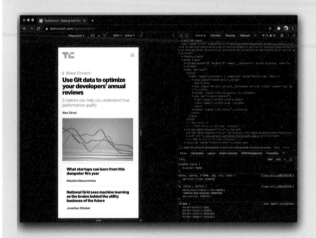

이제 다음 그림과 같이 파란색으로 표시된 다이얼로그 상단의 디바이스 툴바 버튼을 클릭하거나 단축키 [Command] + [Shift] + [M]을 누릅니다.

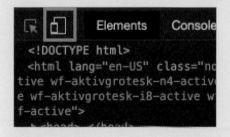

웹 뷰 상단의 Responsive를 클릭하면 모바일, 패드, 데스크톱 비율에서 디자인이 어떻게 변하는지 확인할 수 있습니다.

이 사이즈는 표준이므로 웹 디자인에서 브레이크 포인트를 정할 때 참고하면 좋습니다. 브레이크 포인트에 대한 더 자세한 설명은 구글 디벨로퍼 사이트의 반응형 웹 디자인 기본 사항[1]을 참고하세요.

| 이름 | 사이즈 |
|---|---|
| Mobile S | 320px |
| Mobile M | 375px |
| Mobile L | 425px |
| Tablet | 768px |
| Laptop | 1024px |
| Laptop L | 1440px |
| 4K | 2560px |

1 https://web.dev/responsive-web-design-basics

# Chapter

# 9

# 디자인 시스템

# 예제 설명

☞ 실습 파일: [예제] 디자인 시스템

디자인 시스템은 서비스가 어느 정도 만들어진 상태에서 제품을 더 효율적으로 관리하기 위해 도입된 방법입니다. 처음에는 가장 영향력 있는 구글이나 애플 같은 플랫폼 사업자들이 플랫폼 전체의 통일성과 제품의 완성도를 높이기 위해 제공한 가이드라인이었습니다. 전체적인 UX/UI의 수준이 높아지면서 점차 다른 기업들도 서비스의 통일성과 효율적인 코드, 디자인 에셋을 관리하는 방법으로 디자인 시스템을 보편적으로 사용하기 시작했습니다.

디자인 시스템에 어떤 요소와 컴포넌트가 포함되는지 궁금하다면 다음 주요 디자인 시스템을 확인해보는 걸 권장합니다.

- Google Material Design System[1]
- Apple Human Interface Design Guidelines[2]
- Microsoft Fluent Design System[3]
- IBM Design Language[4]

이 장에선 머티리얼과 같은 대규모 시스템에 포함된 UI 컴포넌트를 모두 다루기엔 요소가 너무 많기 때문에 콘셉트 페이지를 구성하기 위해 필요한 요소 위주로 다룹니다. 시스템이 확장될수록 모션, 사운드, 햅틱에 대한 가이드라인도 추가됩니다. 이 모든 길 한 번에 만들기는 어렵기 때문에 현재 서비스에서 가장 필요한 컴포넌트 위주로 운영하는 편이 합리적입니다.

---

1 https://material.io
2 https://developer.apple.com/design/human-interface-guidelines
3 https://www.microsoft.com/design/fluent
4 https://www.ibm.com/design/language

## Lesson 02

# 시스템 원칙

실제 디자인 시스템을 만들면 원칙이 필요합니다. 애플은 제조업으로 시작하여 '인간과 기계를 연결하는 인터페이스 가이드라인(Human Interface Guideline)'을 원칙으로 합니다. 애플 안에 들어가는 서비스는 항상 애플 디바이스 환경에 최적화되어야 하며 시각, 청각 등에 장애가 있더라도 접근할 수 있어야 합니다.

구글은 검색 서비스로 시작하여 다양한 소프트웨어로 서비스를 확장해왔습니다. 즉, 구글의 디자인 시스템은 다양한 기기와 환경에서 구글 제품을 통일감 있게 인지하고 사용할 수 있어야 합니다. 여기서 접고 붙일 수 있는 종이 콘셉트를 도입하여 여러 서비스에 통일성을 부여했습니다. 이 두 디자인 시스템은 플랫폼 제공자로서 앱 마켓의 퀄리티를 유지하는 데도 중요한 역할을 합니다.

대부분의 디자인 시스템은 넓고 보편적인 가치를 기본 원칙으로 내세웁니다. 참고로 피그마의 디자인 원칙은 전문성, 접근성, 사려 깊음(Professional, Approachable, Thoughtful)입니다.

## 가설

기존에 만든 라이브 커머스 예제에서는 제휴사들이 상품을 직접 업로드하고 관리할 수 있는 B2B 어드민 페이지가 필요합니다. 데이터 입력과 알아보기가 편리해야 하며 앞으로의 비즈니스 모델 확장에 따라 여러 기능이 추가되거나 빠질 수 있어야 합니다. 추가로 사용자가 다크모드를 사용할 때 어떻게 보이는지 확인하기 위해 다크모드를 지원하기로 결정합니다. 이 가설을 따라 예제 디자인 시스템을 만들어보도록 하겠습니다.

# 컬러 시스템

가장 중요한 밑재료가 되는 요소입니다. 컬러칩으로 색을 확인하는 것과 실제 컴포넌트에 적용했을 때의 느낌은 완전히 다릅니다. 따라서 처음에 컬러칩을 결정하고 만드는 것보다 컴포넌트를 만들어 나가면서 결정하는 것이 실용적입니다.

UI 컬러 팔레트에는 브랜드 컬러, 그레이스케일, 인터랙션을 위한 파란색 피드백 컬러가 포함됩니다.

### 브랜드 컬러

기존의 브랜드 컬러의 채도나 명도가 UI에 적합하지 않은 색상일 수 있습니다. 특히 CMYK 색상만 있을 경우 UI에 사용하기 편리한 고채도, 중간 명도의 디지털용 브랜드 컬러를 상의하여 지정합니다. 머티리얼 가이드 기준 500 정도의 색상이면 컬러 스케일을 확장하기 좋고 바로 Primary 색상으로 사용하기 좋습니다. 머티리얼 디자인에서는 Primary가 1순위, Secondary가 2순위 컬러로 불리며 2순위 컬러는 사용하지 않거나 최소한으로 사용하는 경우가 더 많습니다. 물론 라이브 커머스 예제처럼 1순위 컬러가 Grayscale인 경우도 많습니다.

> **💡 Tip. 컬러 팔레트 숫자**
>
> 000~900은 HSL(Hue, Saturation, Lightness: 색조, 채도, 명도)의 명돗값을 나타내는 수치입니다. 실제 팔레트를 만들 땐 시각적인 단계가 중요하므로 웹 컬러의 퍼센티지를 정확히 표시할 필요는 없습니다. 다만 1~9로 1자리 숫자로 표시하는 것보다 01~09나 001~009로 해야 05처럼 미묘한 단계의 색상을 구분하기 편리합니다.

| Deep Purple 50 | #EDE7F6 | Indigo 50 | #E8EAF6 | Blue 50 | #E3F2FD |
|---|---|---|---|---|---|
| 100 | #D1C4E9 | 100 | #C5CAE9 | 100 | #BBDEFB |
| 200 | #B39DDB | 200 | #9FA8DA | 200 | #90CAF9 |
| 300 | #9575CD | 300 | #7986CB | 300 | #64B5F6 |
| 400 | #7E57C2 | 400 | #5C6BC0 | 400 | #42A5F5 |
| 500 | #673AB7 | 500 | #3F51B5 | 500 | #2196F3 |
| 600 | #5E35B1 | 600 | #3949AB | 600 | #1E88E5 |
| 700 | #512DA8 | 700 | #303F9F | 700 | #1976D2 |
| 800 | #4527A0 | 800 | #283593 | 800 | #1565C0 |
| 900 | #311B92 | 900 | #1A237E | 900 | #0D47A1 |
| A100 | #B388FF | A100 | #8C9EFF | A100 | #82B1FF |
| A200 | #7C4DFF | A200 | #536DFE | A200 | #448AFF |
| A400 | #651FFF | A400 | #3D5AFE | A400 | #2979FF |
| A700 | #6200EA | A700 | #304FFE | A700 | #2962FF |

▶ 머티리얼 가이드 컬러 스케일 예시

000~900까지 모든 컬러값을 사용하진 않고 마우스 호버 같은 상탯값을 표현하기 위해 필요한 값만 제한적으로 지정해서 사용합니다.

## 그레이스케일

그레이스케일의 경우 면적에 따라 가시성에 큰 차이가 있습니다. 같은 회색이어도 배경색으로는 어둡지만 선 색으로는 밝게 느껴질 때가 많습니다.

그레이스케일은 이런 미묘한 차이 때문에 단계가 많이 늘어날 수 있습니다. 처음엔 기준이 되는 밝은색, 중간색, 어두운색의 컬러칩을 결정하고 그사이의 갭을 채우면서 되도록 10단계가 넘지 않도록 합니다.

특히 배경색과 그 위의 텍스트의 가독성을 체크해야 하고 중간 단계의 회색을 사용할 때 최소한 200 이상의 차이를 둬야 합니다. 블루 그레이 계열이 필요하다면 서로 섞이지 않도록 블루 그레이스케일 팔레트를 따로 만듭니다. Stark라는 가독성 체크 플러그인을 사용하여 색상 지정에 도움을 받을 수 있습니다.

## 인터랙션을 위한 파란색

파란색은 눈이 편하면서 가시성이 좋고 명도 차에 따라 단계가 명확하게 보이는 특성이 있습니다. 이 때문에 기본 버튼과 링크의 UI 색상으로 사용됩니다. 만약 브랜드 컬러가 파란색 계열이 아니라면 브랜드 컬러와 어울리는 파란색을 따로 지정하여 사용합니다.

## 피드백 컬러

피드백 컬러는 시맨틱 컬러로 불리기도 합니다. UX 컬러에서 성공은 초록색(또는 밝은 파란색), 주의는 노란색, 에러는 빨간색으로 표시합니다. 링크처럼 정보를 전달하는 메시지에는 보통 파란색 계열을 사용합니다. 이런 피드백 색상은 명확하게 눈에 잘 띄도록 해야 사용자가 혼란스럽지 않습니다.

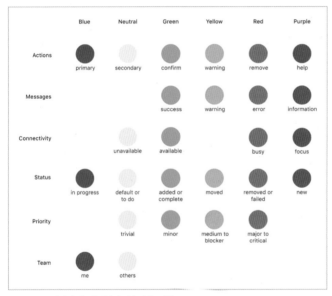

▶ Atlassian 디자인 시스템 시맨틱 컬러 가이드라인

예제 파일의 컬러 팔레트를 확인해봅시다. 라이트모드와 다크모드의 그레이스케일은 같은 헥스 컬러고 순서만 바뀌었습니다. Blue, Red, Green 색상은 모드에 맞게 구분해서 사용해야 합니다. 여기서 스케일 넘버는 시각적 구분용이며 HSL 명도의 수치를 나타내지 않습니다. 예제를 만들 때 만들어둔 색상을 사용해도 좋지만 직접 디자인에 맞는 팔레트

를 구성해보길 추천합니다. 색상값을 선택하기 어렵다면 앞서 소개한 주요 디자인 시스템의 컬러 팔레트를 참조하거나 여러 컬러 플러그인의 도움을 받으면 편리합니다.

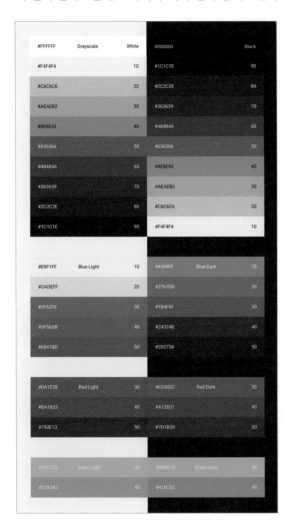

| #FFFFFF | Grayscale | White | #000000 | | Black |
|---|---|---|---|---|---|
| #F4F4F4 | | 10 | #1C1C1E | | 90 |
| #C6C6C6 | | 20 | #2C2C2E | | 80 |
| #AEAEB2 | | 30 | #363639 | | 70 |
| #8E8E93 | | 40 | #48484A | | 60 |
| #636366 | | 50 | #636366 | | 50 |
| #48484A | | 60 | #8E8E93 | | 40 |
| #363639 | | 70 | #AEAEB2 | | 30 |
| #2C2C2E | | 80 | #C6C6C6 | | 20 |
| #1C1C1E | | 90 | #F4F4F4 | | 10 |
| | | | | | |
| #E9F1FF | Blue Light | 10 | #4589FF | Blue Dark | 10 |
| #CADEFF | | 20 | #2767DD | | 20 |
| #0F52FE | | 30 | #1B4FAF | | 30 |
| #0F56DB | | 40 | #24324B | | 40 |
| #0847BD | | 50 | #202734 | | 50 |
| | | | | | |
| #DA1E28 | Red Light | 30 | #C6343C | Red Dark | 30 |
| #BA1B23 | | 40 | #A12B31 | | 40 |
| #750E13 | | 50 | #7D1B20 | | 50 |
| | | | | | |
| #34C259 | Green Light | 30 | #5BBD74 | Green Dark | 30 |
| #22A343 | | 40 | #41BC59 | | 40 |

# 타이포그래피

## 폰트

안드로이드 시스템 폰트를 기본으로 할 때 Noto Sans CJK KR의 경우 영문과 숫자의 완성도가 높지 않습니다. 따라서 영문과 숫자 텍스트 폰트는 Roboto 사용을 권장합니다.

애플 OS에서 한글은 Apple SD Gothic Neo, 영문은 SF Pro Display 폰트를 기본으로 사용합니다. Apple SD Gothic Neo는 공식적으로 Mac에서만 사용 가능합니다. 윈도우 사용자는 폰트를 바꿔서 사용해야 합니다. 한글과 영문은 폰트의 굵기 차이가 있기 때문에 같은 정봇값이라면 한글을 더 두껍게 사용하는 걸 권장합니다.

두 경우 모두 영문과 숫자는 한글보다 1~2px 크게 사용하며, Baseline 정렬을 기준으로 합니다.

## 타입 스케일

타입 스케일은 정보의 위계를 나타내는 가장 기본적인 재료입니다. 제목(Heading)은 H1~H6 단계로 표현하고 본문이나 캡션과 같은 용도가 다른 텍스트는 Body, Caption 등의 용어로 표현합니다. 사이즈의 단계는 최소 2 이상을 권장합니다. 가장 텍스트 양이 많고 가독성이 중요한 Body 사이즈를 기준으로 확장해나갑니다. 타이포그래피 스케일에 대해 더 연습하고 싶다면 type-scale.com에서 영문 타이포그래피 스케일 조합의 예를 테스트해볼 수 있습니다.

**잠깐 👉** 대부분 웹에서 기본 텍스트 사이즈는 16px(절댓값) = 1rem(상댓값)입니다.

참고로 맥은 폰트와 색상 렌더링이 뛰어나기 때문에 Light 두께의 폰트와 연한 색상의 회색이 잘 보이지만 다른 환경에선 훨씬 두껍거나 얇게 보이며 아예 보이지 않을 수도 있습니다. 따라서 주로 맥 환경에서 디자인하는 디자이너는 다른 디바이스에서 어떻게 보일지 생각해야 합니다. 피그마에서 Share 기능을 활용하여 안드로이드와 윈도우 같은 다른 환경에서 체크해봅니다.

여기에선 예제 페이지에 필요한 텍스트 스타일만 지정했으나 실제 서비스에서는 페이지 수가 늘어나면서 더 많은 타입 스케일이 필요합니다. 텍스트의 색상, 자간, 행간이 세분화 되면 스타일 수가 더 많아집니다.

# 버튼

버튼은 상탯값을 가장 많이 표현할 수 있는 컴포넌트입니다. 상탯값은 사용자가 버튼에 마우스를 올렸을 때(Hover), 클릭할 때(Active), 비활성화되었을 때(Disabled) 등이 있습니다. 상탯값은 사용자의 행동을 유도하는 중요한 요소입니다.

**01** [텍스트 작성 > 그룹 > 오토레이아웃 지정](단축키는 Ctrl/Command + A )으로 버튼 영역을 만든 뒤 Fill 색상을 지정하여 기본 버튼의 뼈대(틀)를 만듭니다. 오토레이아웃으로 버튼을 만들면 아이콘을 추가하거나 패딩값을 조절하기 편리합니다.

▶ 기본 버튼의 틀을 만듭니다.

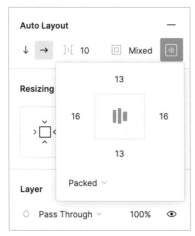

▶ 패딩을 조절합니다.

**02** 각 상탯값에 따라 색상을 다르게 하여 지정합니다. 컴포넌트의 숫자가 많아지고 베리언츠 옵션이 복잡하면 베리언츠를 하나하나 만드는 것보다 컴포넌트를 모두 확정하고 베리언츠로 감싸는 게 좋습니다.

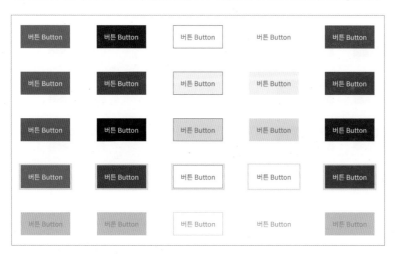

**03** 아이콘 컴포넌트를 만들고 버튼 오토레이아웃 안으로 드래그 앤 드롭합니다. 아이콘의 위치에 맞게 오토레이아웃 간격과 패딩값을 조정합니다. 아이콘 버튼은 아이콘의 위치에 따라 패딩값을 시각적으로 균형감 있게 조절해주어야 합니다.

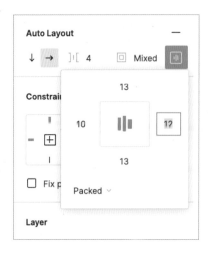

**04** 기존 버튼을 복제하여 같은 방식으로 아이콘 버튼 세트를 만듭니다.

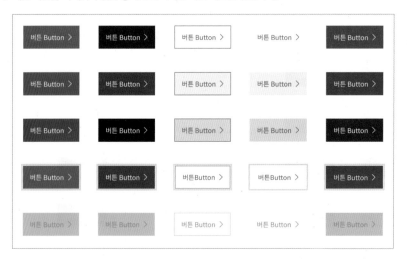

**05** 만들어진 버튼 세트를 드래그하여 전체 선택하고 [Create multiple components]를 적용합니다. 각 컴포넌트명은 Btn/Primary/Enabled 같은 방식으로 작성하여 규칙을 지켜줍니다.

**06** 만들어진 컴포넌트를 모두 선택하고 베리언츠 패널에서 [Combine as Variants] 버튼을 클릭합니다. 각 컴포넌트를 구분하기 쉽도록 표 형태로 이름을 정리합니다.

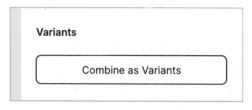

**07** 같은 방식으로 다크모드 용도의 버튼 세트를 만듭니다. 베리언츠가 복잡해지면 구분하기 어렵기 때문에 여기선 라이트모드와 다크모드 버전을 나누었습니다. 베리언츠의 [Add New Property]로 라이트모드와 다크모드 옵션을 추가해도 됩니다.

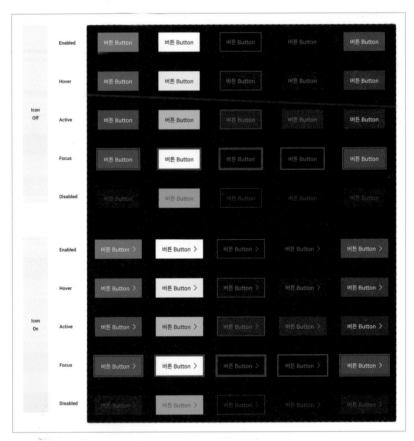

**08** 베리언츠 패널에서 속성 태그를 더블클릭하면 이름을 변경할 수 있습니다. 위치를 변경하고 싶으면 원하는 곳으로 드래그하면 됩니다. 태그의 순서는 선택 드롭다운의 순서와 같습니다.

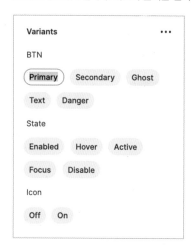
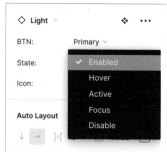

**09** 만약 베리언츠 속성이 겹치면 이미지처럼 베리언츠 태그 아래에 Select conflicting variants 알림창이 뜹니다. 파란색 텍스트를 클릭하면 중복된 컴포넌트가 선택됩니다. 속성이 디자인과 잘 매치되어 있는지 꼭 확인하세요.

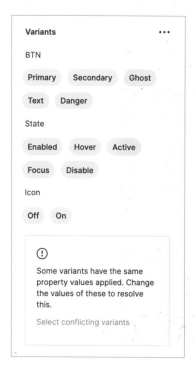

**10** 버튼 베리언츠 세트가 완성되었습니다.

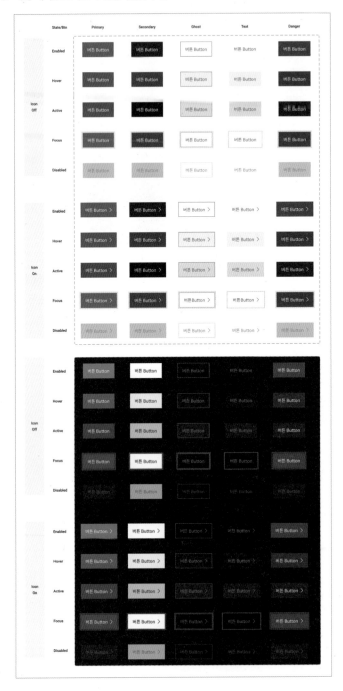

베리언츠를 전체적으로 새로 구성하고 싶다면 베리언츠 내부의 컴포넌트를 선택한 후 자르고 붙여넣기하거나 베리언츠 프레임 컴포넌트를 베리언츠 프레임 바깥으로 이동시킵니다. 컴포넌트를 수정하고 다시 [Combine as Variants] 버튼을 누르면 새로운 베리언츠가 적용됩니다. 베리언츠 프레임 영역을 늘린 다음 외부 컴포넌트를 넣고 수정해도 됩니다.

**잠깐👉** 예제에선 브라우저 기본 포커스 디자인과 크게 다르지 않지만 아예 다른 색상, 그림자, 선 두께, 점선도 가능합니다.

## Lesson 06

# 텍스트 인풋

텍스트 인풋(Text Input)은 텍스트 필드(Text field)라고도 부릅니다. 텍스트 작성이 가능하다는 힌트를 주는 흐린 텍스트를 플레이스 홀더(Place holder)라고 부릅니다. 어떤 정보에 대한 텍스트인지 알려주는 상단 제목을 라벨 또는 레이블(Label)이라고 부릅니다.

**01** 오토레이아웃을 이용해 라벨이 없는 기본 텍스트 인풋을 만듭니다. 텍스트 인풋 사이즈를 늘리면 텍스트가 들어가는 영역이 늘어날 수 있도록 리사이징 옵션을 Fill container로 지정합니다.

**02** 상단에 레이블이 있는 텍스트 필드를 따로 만듭니다. 텍스트 영역이 인풋 전체 너비를 넘어가지 않도록 width를 늘리고 컨스트레인트는 Scale로 지정합니다. 그러면 전체 영역에 맞춰 레이블 사이즈도 자동으로 조정됩니다.

**03** 에러 상태의 경우 인풋 오른쪽 끝에 아이콘이 들어가야 합니다. 텍스트의 width를 아이콘이 들어갈 만큼 줄이고 에러 아이콘을 오토레이아웃 안으로 드래그합니다. 텍스트 인풋 전체 너비를 넓혀도 아이콘이 찌그러지지 않도록 리사이징을 Fixed width, Fixed height로 지정합니다.

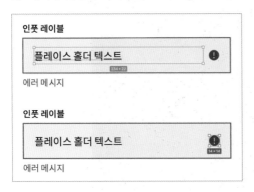

**04** 버튼과 동일하게 미리 만든 컬러 팔레트에 맞게 라이트모드와 다크모드를 디자인하고 베리언츠로 지정합니다.

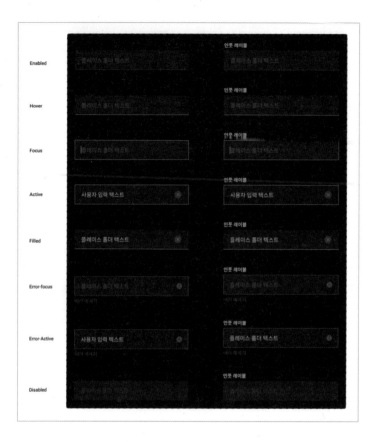

**05** 베리언츠 패널에서 속성과 베리언츠명이 잘 적용되었는지 확인합니다.

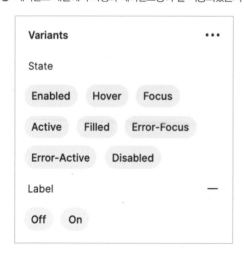

# Lesson

## 07 토글과 태그

토글은 필수적으로 On, Off 상탯값이 필요합니다. Focus, Disabled 상태가 추가될 수 있습니다. 태그는 일반 태그와 삭제가 가능한 태그 베리언츠로 구성했습니다.

**01** 버튼과 텍스트 인풋을 만들었다면 이후에는 훨씬 더 간단합니다. [디자인 > 컴포넌트 > 베리언츠]를 구성하는 반복 과정입니다.

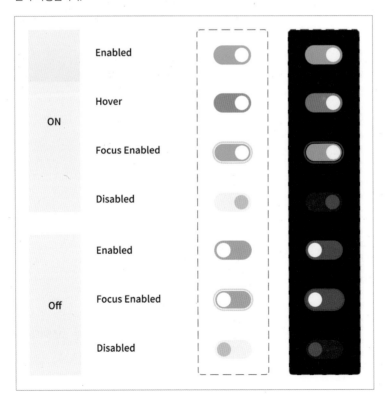

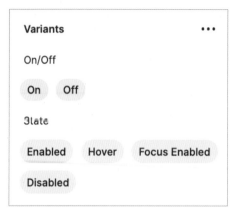

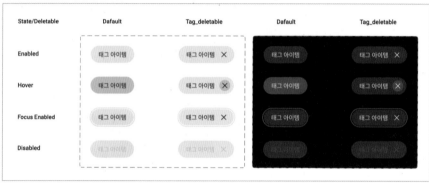

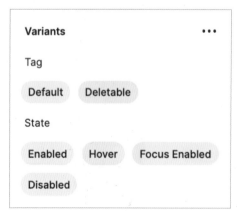

**02** 태그를 만들 때 버튼이나 텍스트 인풋처럼 오토레이아웃을 활용합니다. 아이콘 사이즈는 고정이므로 리사이징 옵션은 Fixed width, Fixed height입니다.

**03** 삭제 아이콘이 있는 태그는 오토레이아웃 패딩을 시각적으로 조절해줍니다. 리사이징은 기본인 Hug contents로 두어야 텍스트 사이즈에 따라 너비가 조절됩니다.

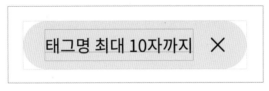

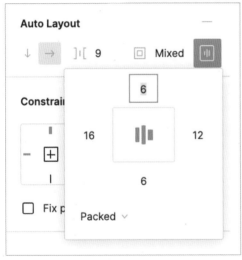

# 라디오 버튼과 체크박스

라디오 버튼은 여러 항목 중에서 한 가지만, 체크박스는 여러 개를 중복 선택할 수 있는 차이점이 있습니다. 필수적으로 On, Off 상태가 필요하며 Selected, Focused와 같은 상 탯값이 추가될 수 있습니다.

**01** 라디오 버튼과 체크박스는 형태만 다르고 같은 구조입니다. Fixed width, Fixed height 버튼과 텍스트를 오 토레이아웃으로 감싸면 기본 형태 완성입니다.

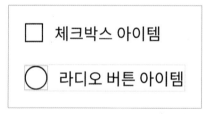

**02** 상태별로 [디자인 〉 컴포넌트 만들기 〉 베리언츠 세트로 만들기]를 진행합니다.

| | 체크박스 아이템 | 체크박스 아이템 |
|---|---|---|
| Enabled | | |
| Focus Enabled | 체크박스 아이템 | 체크박스 아이템 |
| Selected | ✓ 체크박스 아이템 | ✓ 체크박스 아이템 |
| Focus Selected | ✓ 체크박스 아이템 | ✓ 체크박스 아이템 |
| Disabled | 체크박스 아이템 | 체크박스 아이템 |
| Disabled Selected | ✓ 체크박스 아이템 | ✓ 체크박스 아이템 |

**Variants** • • •

State

Enabled    Focus Enabled

Selected    Focus Selected

Disabled    Disabled Selected

# 카드와 모달

카드와 모달도 그림자 값을 지정해놓고 컴포넌트를 만들어 사용합니다. 카드는 배경과 잘 구분되는지 확인합니다. 이때 배경색과 그 위의 텍스트 가독성을 확인합니다.

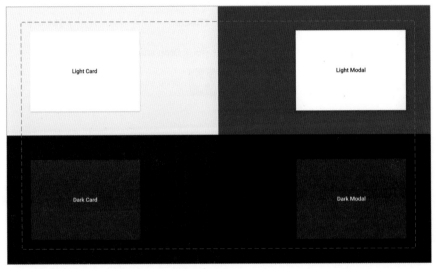

▶ 카드 그림자

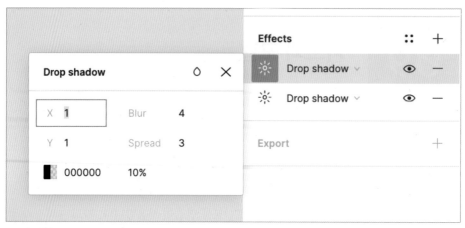

▶ 모달 그림자 1

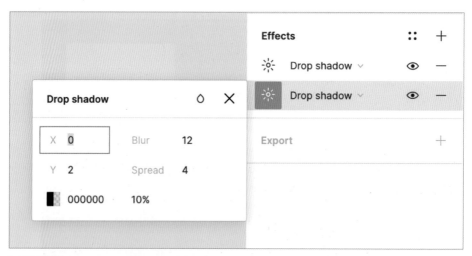

▶ 모달 그림자 2

**Tip.**  그림자 활용

그림자는 1개만 사용하는 것보다 중첩해서 사용하면 더 실제처럼 섬세하게 표현할 수 있습니다. 특히 플로팅 액션 버튼처럼 높이 떠 있는 버튼이 눌리는 상태로 표현할 땐 중첩된 그림자의 수치를 조절해 높이가 달라 보이도록 조정합니다. Smooth Shadow라는 피그마 플러그인을 이용하면 손쉽게 더 나은 그림자 값을 적용할 수 있습니다.

과한 그림자와 그라디언트는 모니터 환경에 따라 색상이 끊겨 보이는 계단 현상이 발생하기 쉽습니다. 또한 퍼포먼스를 많이 사용하기 때문에 웹 렌더링이 느려집니다. 여러 컴포넌트에 그림자를 과하게 사용하면 지저분해 보일 수 있으니 사용자 환경을 생각하여 적절히 사용하는 편이 좋습니다.

# 페이지 구성

이제 디자인 시스템으로 예제 페이지를 구성할 수 있습니다. CRM(Customer relationship management) 페이지는 기능 중심으로 시스템을 적용하여 디자인하기 좋은 예제입니다. 실제로 디자인할 때는 컴포넌트를 조합하는 과정에서 기존 컴포넌트를 수정하거나 추가하게 됩니다.

**01** 데스크톱 프레임을 만들고 레이아웃 그리드를 적용합니다. 여기선 12 rows, 10 columns, 16px 그리드로 지정했습니다. 컴포넌트 위치를 지정할 때 가이드 역할을 합니다.

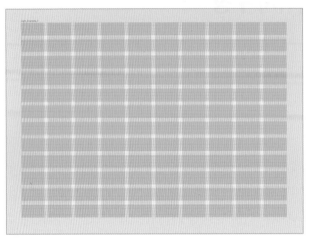

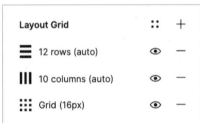

**02** 프레임에 미리 지정한 배경색을 넣고 카드 컴포넌트를 가져와 사이즈를 늘려줍니다. 타이틀은 H1을 사용합니다.

**03** 필요한 컴포넌트를 에셋에서 가져와 배치하고 오버라이드 텍스트를 바꿔줍니다. 라이트모드 에셋만 모아서 보려면 light를 검색합니다.

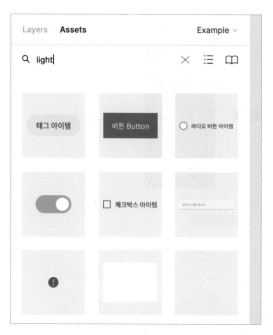

**04** 버튼과 텍스트 width를 필요한 만큼 늘립니다. 이때 텍스트를 넣어 확인해보면서 오토레이아웃 설정을 체크합니다.

**05** 노이즈 이미지는 [Fill > Image]로 옵션을 변경하고 [Choose Image...]로 박스 영역에 추가합니다.

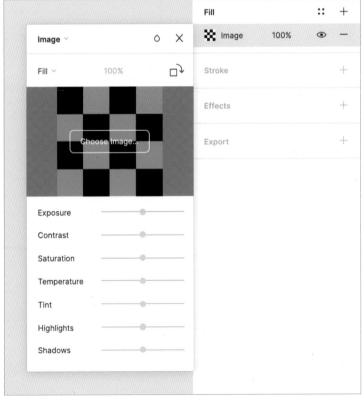

**06** 미리 만들어놓은 텍스트 스타일과 컴포넌트를 붙여넣기하여 모달 팝업을 만듭니다.

**07** 프레임을 복제하고 컴포넌트를 다크모드로 변경하면 빠르게 다크모드 버전을 만들 수 있습니다. 컴포넌트를 Swap하여 Light 컴포넌트를 Dark 컴포넌트로 바꿉니다. 컴포넌트 패널의 드롭다운 메뉴를 클릭하여 빠르게 변경할 수 있습니다. 검색창에서 'dark'를 검색하여 다크모드만 모아서 볼 수 있습니다.

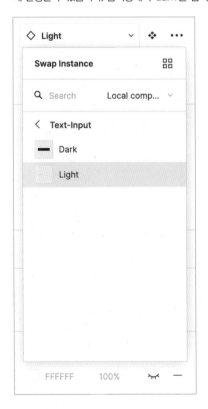

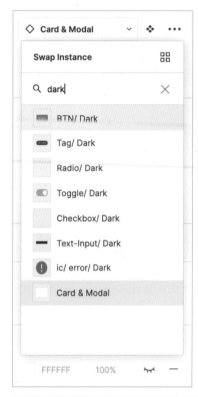

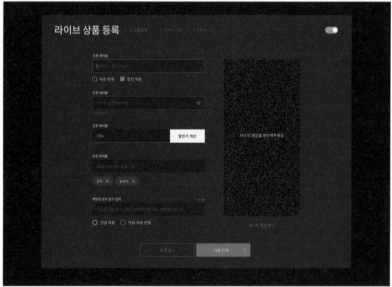

**잠깐 👈** 실제 프로젝트에서 다크모드를 추가할 때는 시스템을 같이 만들면서 변경해야 합니다. 1대1로 대응하는 색상값을 지정하지 않으면 나중에 페이지별로 색상이 달라질 가능성이 높습니다.

Chapter

# 10

# 글로벌 NFT 마켓

# 예제 설명

☞ 실습 파일: [예제] 글로벌 NFT 마켓

2019~2021년 NFT 붐이 불면서 많은 NFT 마켓이 생겨났습니다. 대표적으로 오픈씨(Opensea)와 라리블(Rarible)이 있고, 아티스트 큐레이션에 집중하는 슈퍼레어(Superrare), 파운데이션(Foundation)이나 스포츠 선수의 주요 장면을 판매하는 NBA 톱샷(NBA Topshot) 등이 있습니다. 그 외에 코인베이스 NFT(Coinbase NFT), 룩스레어(LooksRare), 에이싱크 아트(Async ART)를 레퍼런스로 삼았습니다.

이 장에서 다루는 예제는 주얼리 NFT 옥션 마켓입니다. 다이아몬드처럼 이미 내재 가치를 인정받으며 기존의 인증서를 NFT로 대체하는 시도는 이미 이루어지고 있습니다. 인증받은 사용자의 주얼리를 NFT로 인증하여 거래내역을 파악하고 경매로 사고파는 서비스입니다.

여기에선 라이브 커머스 예제와 달리 모바일 뷰와 데스크톱 뷰만 지원하며 디바이스 사이즈에 따라 컴포넌트가 다른 특성이 있습니다.

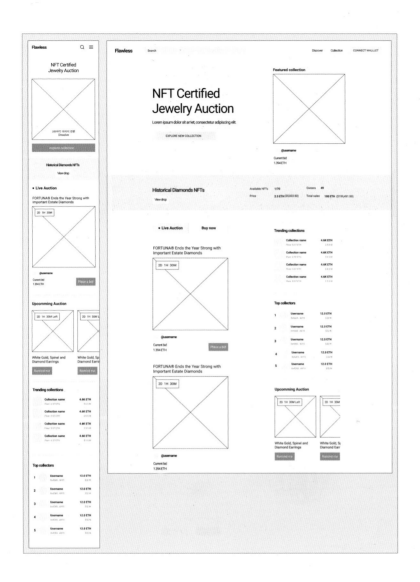

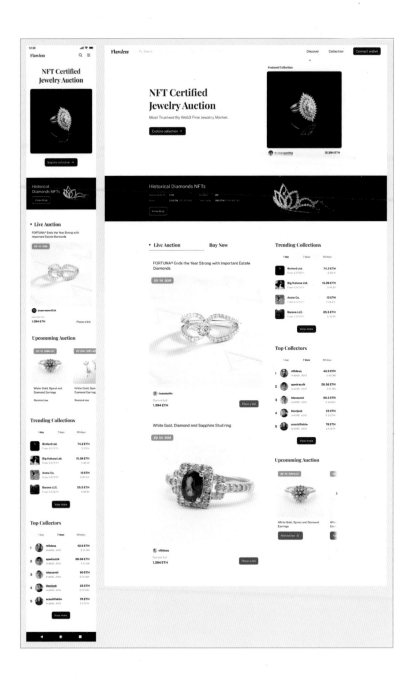

## 스타일 가이드

팀을 위한 디자인을 할 때 디자인의 밑 재료가 되는 스타일을 미리 정하는 게 중요합니다. 주얼리 이미지가 돋보이도록 블랙 앤 화이트를 기본으로 세리프 서체를 사용했습니다. 모든 스타일이 쓰이지 않아도 미리 스타일 세트를 만들면 새로운 컴포넌트를 추가하거나 수정할 때 통일성을 맞추기 편리합니다. 이전 예제에서 아이콘을 만들어봤으므로 피그마 커뮤니티의 Ripple Icon Library[1]를 사용합니다.

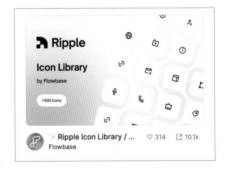

---

1 https://www.figma.com/community/file/1130727866407827705

## 레이아웃 그리드

**01** 데스크톱 뷰는 Desktop 프레임 프리셋, 모바일 뷰는 Android large를 선택합니다.

**02** 레이아웃 그리드 옵션은 다음과 같이 지정했습니다. 데스크톱 레이아웃 그리드는 중심의 콘텐츠 영역 너비가 1180입니다. 너비 1280 데스크톱에서도 잘리지 않고 보이는 사이즈입니다.

## 버튼

같은 디자인이지만 텍스트와 아이콘에 따라 너비가 달라지는 버튼 컴포넌트를 만듭니다.

**01** 오토레이아웃으로 버튼을 만들고 아이콘 컴포넌트를 오토레이아웃 안에 드래그 앤 드랍으로 포함합니다.

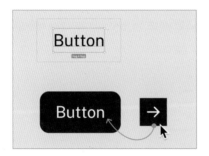

**02** 텍스트는 Text 컴포넌트 프로퍼티를, 아이콘은 Swap과 Boolean 컴포넌트 프로퍼티를 적용합니다. 아이콘
은 필요에 따라 다른 아이콘으로 바꾸거나 안 보이게 할 예정입니다.

**03** 텍스트 사이즈, 색상, 상태에 맞게 베리언츠를 만들어줍니다. 여기선 Default, Hover 상탯값만 만들었지만 필요에 따라 Pressed나 Focused 같은 상태를 추가합니다.

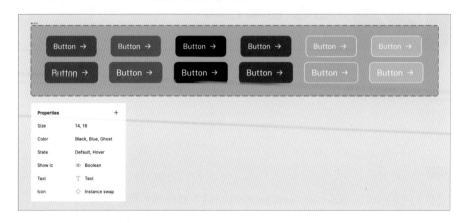

**04** 버튼 인스턴스의 속성을 변경하면 다음과 같이 활용할 수 있습니다. 다음 그림에서 Show more는 텍스트 사이즈 16, 블랙, 아이콘이 있는 버튼입니다. Confirm은 텍스트 사이즈 14, 블루, 아이콘이 없는 버튼입니다.

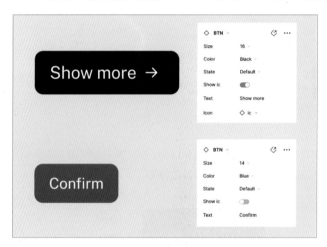

## 내비게이션

**01** 로고 텍스트를 오토레이아웃으로 감싼 뒤, [오토레이아웃 옵션 〉 Spacing mode 〉 Space between]으로 변경합니다.

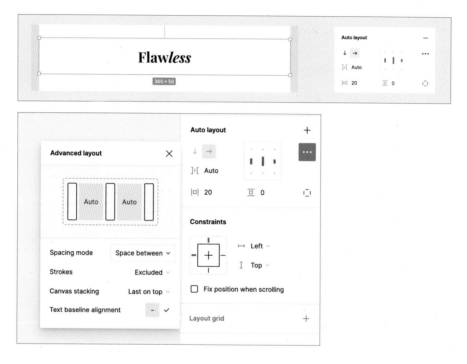

**02** 라이브러리에서 가져온 아이콘을 활용하여 아이콘 버튼 컴포넌트를 만듭니다. Search, Hamburger 버튼을 내비게이션 오토레이아웃 안에 가져옵니다. 두 버튼을 오토레이아웃으로 묶어 간격을 6으로 변경합니다.

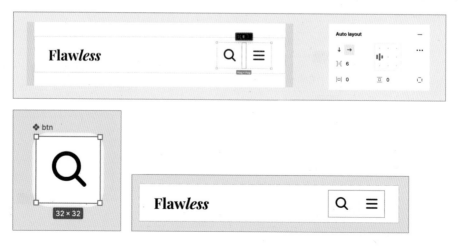

**03** 예시 이미지처럼 내비게이션의 양옆 마진을 20으로 조정합니다. 완성된 내비게이션을 컴포넌트로 만들어줍니다.

**04** PC 내비게이션도 모바일과 동일하게 [오토레이아웃 옵션 〉 Spacing mode 〉 Space between]으로 변경합니다. PC는 양옆 마진을 32로 지정했습니다.

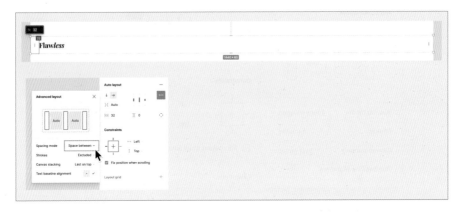

**05** 텍스트 버튼도 모바일 버튼처럼 오토레이아웃으로 감싸줍니다. 텍스트 버튼 사이의 간격은 24, 텍스트 버튼과 Connect wallet 버튼과의 간격은 36입니다. 이렇게 간격이 다른 경우에는 오토레이아웃을 한 번 더 감싸줍니다.

**06** 전체적인 간격을 확인하면서 수치를 조정합니다.

**07** 검색창은 Search 텍스트 만들기 〉 오토레이아웃으로 감싸기 〉 Search 아이콘 삽입 〉 오토레이아웃 배경 색상 변경의 순서로 만듭니다. 만들어진 검색창을 내비게이션 안에 가져오면서 로고와 오토레이아웃을 한 번 더 만들어 간격을 조정합니다. 이때 Resizing 옵션을 Fill로 지정합니다.

**08** 내비게이션을 복제하여 반응형이 잘 적용되는지 확인합니다. 완성된 내비게이션을 컴포넌트로 지정합니다.

# 콘텐츠 영역

## 히어로 영역

히어로는 가장 최상단에 오는 위치로 Hero의 역할을 한다고 해서 붙여진 이름입니다.

**01** 레이아웃 그리드가 켜진 상태에서 히어로에 필요한 텍스트를 씁니다. 이미 만들어 놓은 텍스트 스타일 중에서 적당한 사이즈를 고릅니다.

**02** 이미지와 버튼을 추가하고 오토레이아웃으로 묶어줍니다. 이미지도 재사용하기 때문에 컴포넌트로 만들어줍니다.

**03** 웹의 경우 모바일보다 훨씬 큰 텍스트를 사용합니다. 영역이 넓기 때문에 더 많은 정보가 들어갈 수 있습니다. 서브타이틀을 추가하고 마찬가지로 오토레이아웃을 만들어줍니다.

**04** 웹에 들어가는 이미지 컴포넌트는 더 많은 정봇값을 추가합니다. 이 상품의 가격, 업로더, 타이틀을 텍스트 스타일을 활용하여 추가합니다.

**05** 웹의 텍스트 영역과 함께 오토레이아웃으로 묶어줍니다.

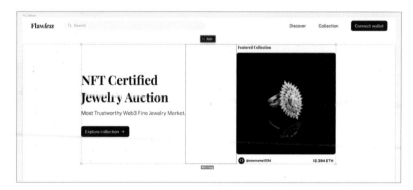

**06** 레이아웃 그리드를 켜고 정렬에 맞게 배치되었는지 확인합니다.

## 프로모션 배너

프로모션 영역은 모든 서비스에서 중요하게 노출되는 자리입니다. 예제 화면에서는 프로모션이 1개뿐이기 때문에 전체 영역을 모두 사용합니다.

**01** 이미지의 배경이 배경색과 잘 연결되도록 미리 이미지를 만들어 피그마로 가져왔습니다.

**02** 타이틀 텍스트와 Ghost 버튼 컴포넌트를 가져와 이미지와 함께 그룹으로 묶어줍니다.

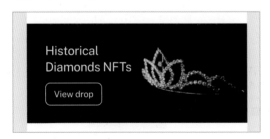

**03** 웹에서 이렇게 전체 가로 너비가 꽉 차는 배너는 이미지 영역 이외에 색상으로 채워지는 부분을 생각해야 합니다.

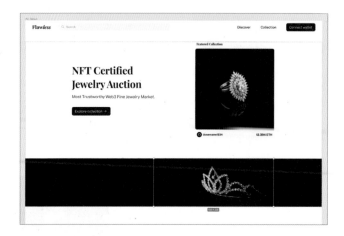

**04** 모바일보다 더 많은 정봇값을 추가해줍니다. 오토레이아웃으로 감싸면 텍스트 정렬이 틀어지지 않습니다.

**05** 모바일과 데스크톱 화면을 동시에 보며 확인합니다.

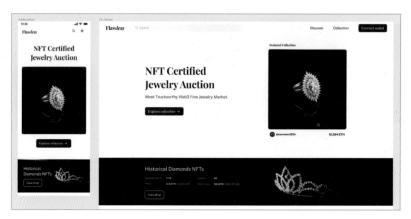

# 정보성 컴포넌트

## 카드 UI

Live Auction, Upcomming Auction 카드 UI를 만들어보겠습니다. 두 카드는 유사하지만 노출되는 정보와 목적이 조금 다릅니다. Live Auction은 경매에 참가(Place a bid)하는 행동, Upcomming Auction은 알람 신청(Remind me)이 주요 목적입니다. 모바일 뷰 컴포넌트를 먼저 만들고 데스크톱 뷰에 맞게 정보를 추가하고자 합니다.

**01** 먼저 모바일 라이브 옥션 컴포넌트를 만들겠습니다. 이미지 컴포넌트를 가져와 상품의 이미지 영역을 만들어 줍니다. 그 위에 상품에 대한 설명 텍스트를 추가했습니다. 이미 만든 텍스트 스타일을 활용합니다.

**02** 옥션의 남은 기간을 알려주는 시간 태그를 만듭니다. 버튼을 만들 때와 동일하게 텍스트를 쓰고 오토레이아웃으로 감싸줍니다. 오토레이아웃의 배경을 Black Opacity 40%로 변경합니다. [Effect 〉 Background blur 4]를 적용합니다.

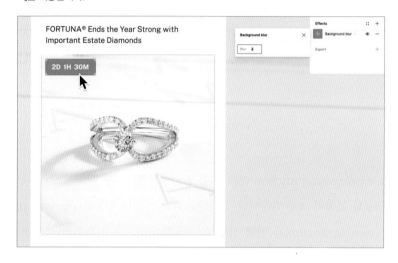

**03** 히어로에서 만들었던 유저 정보와 현재 경매 가격을 쓰고 오토레이아웃으로 정렬합니다. Place a bid는 텍스트 버튼이므로 Blue 500으로 색상을 지정합니다.

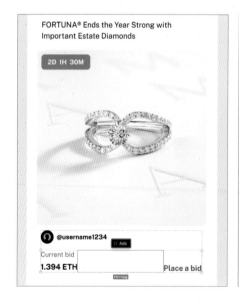
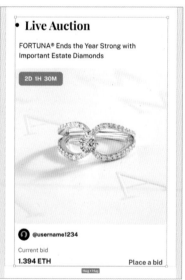

**04** 그다음은 Upcommoing Auction에 대한 영역을 만들어줄 차례입니다. Live Auction과 비슷하지만 가로 스크롤이 되는 사이즈의 카드입니다. 이미 만든 컴포넌트와 텍스트 스타일을 활용하여 오토레이아웃으로 감싸줍니다.

**05** 4번 카드의 마진을 지정하고 선 색상을 Gray 100으로 지정하여 카드 영역을 하나로 묶어줍니다.

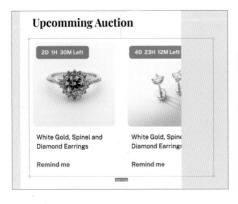 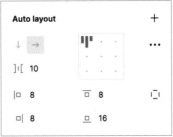

**06** 이제 3번에서 만든 라이브 옥션 카드의 데스크톱 컴포넌트를 만들 차례입니다. 3번에서 만든 카드를 복제하여 데스크톱 그리드에 맞게 사이즈를 조절합니다.

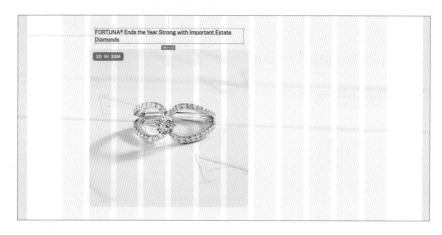

**07** 웹에서는 버튼이 더 눈에 띄도록 기존에 만든 Blue 버튼으로 변경합니다. 시간 태그도 더 큰 사이즈가 필요하여 베리언츠에 추가합니다. 전체적으로 사이즈가 커질 때는 모서리 Radius 값도 커져야 합니다.

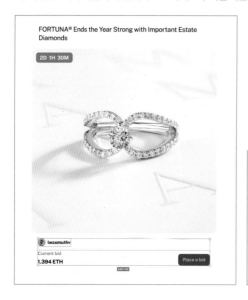

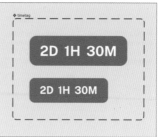

**08** 데스크톱용 카드는 영역을 확실하게 하기 위해 선을 추가합니다. 이미지의 하단 라운딩을 0으로 바꿔서 하단 정보와 더 연결된 느낌을 줍니다.

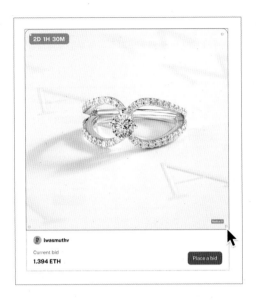

**09** 만든 카드를 컴포넌트로 만들고 복제합니다. 복제한 컴포넌트의
이미지와 텍스트를 변경해줍니다.

**10** 데스크톱 Upcomming Auction도 사이즈와 버튼을 변경해줍니다. 사이즈의 기준은 '레이아웃 그리드 +
8px 그리드'입니다. 가로 스크롤이 된다는 걸 보여주기 위해 두 번째 카드의 잘리는 부분에 배경색 그라디언
트와 Right arrow 아이콘 버튼을 추가합니다.

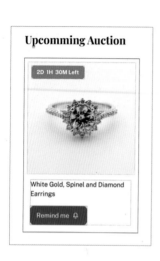 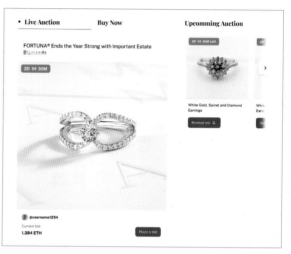

**11** 상단 탭은 텍스트를 오토레이아웃으로 감싸고 선을 하단에만 적용합니다.

**12** 만든 카드 컴포넌트를 베리언츠로 묶어줍니다.

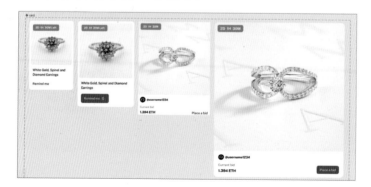

## 리스트 UI

Trending Collections와 Top Collector에 대한 리스트를 만들어보겠습니다. 사용자들이 다른 콜렉션과 콜렉터의 구매 내역과 볼륨을 확인하고 경매에 더 참여하게 하는 목적이 있습니다.

**01** 1day, 7days, 30days로 나눠 탭을 만들고 3개의 오토레이아웃 버튼을 하나로 묶어줍니다. 각 탭이 활성화된 상태로 베리언츠를 만들어줍니다.

**02** 이미지, 메인 텍스트, 서브 텍스트를 묶어 리스트 컴포넌트를 만들어줍니다. Floor는 바닥 가격으로 해당 콜렉션의 최저가를, 0x42…는 유저의 지갑 주소를 나타냅니다. 리스트를 만들 때 위치가 가까운 정봇값끼리 오토레이아웃을 먼저 적용합니다.

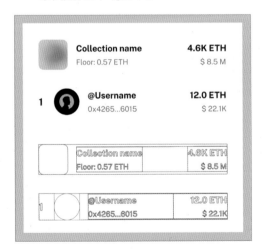

**03** 리스트를 컴포넌트로 만들고 오토레이아웃으로 정렬합니다. 그다음 타이틀 텍스트, 탭, 버튼과 함께 오토레이아웃을 적용합니다.

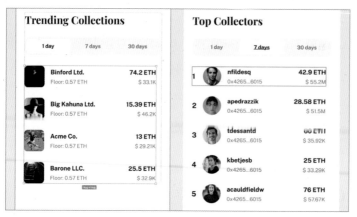

## Trending Collections

| | 1 day | 7 days | 30 days |

| | Binford Ltd.<br>Floor: 0.57 ETH | 74.2 ETH<br>$ 33.1K |
| | Big Kahuna Ltd.<br>Floor: 0.57 ETH | 15.39 ETH<br>$ 46.2K |
| | Acme Co.<br>Floor: 0.57 ETH | 13 ETH<br>$ 29.21K |
| | Barone LLC.<br>Floor: 0.57 ETH | 25.5 ETH<br>$ 32.9K |

View more

## Top Collectors

| | 1 day | **7 days** | 30 days |

| 1 | nfildesq<br>0x4265...6015 | 42.9 ETH<br>$ 55.2M |
| 2 | apodrazzik<br>0x4265...6015 | 28.58 ETH<br>$ 51.5M |
| 3 | tdessantd<br>0x4265...6015 | 60 ETH<br>$ 35.92K |
| 4 | kbetjesb<br>0x4265...6015 | 25 ETH<br>$ 33.29K |
| 5 | acauldfieldw<br>0x4265...6015 | 76 ETH<br>$ 57.67K |

View more

**04** 모바일 리스트는 처음부터 데스크톱과 같이 사용할 수 있는 사이즈로 기획했습니다. 모바일 리스트 오토레이 아웃을 데스크톱에 가져옵니다.

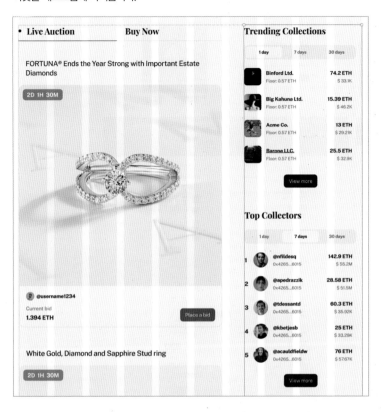

**05** 와이어프레임을 켜면 다음과 같이 컴포넌트의 구조를 확인할 수 있습니다.

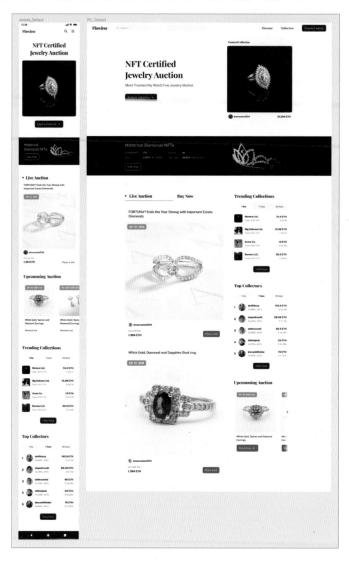

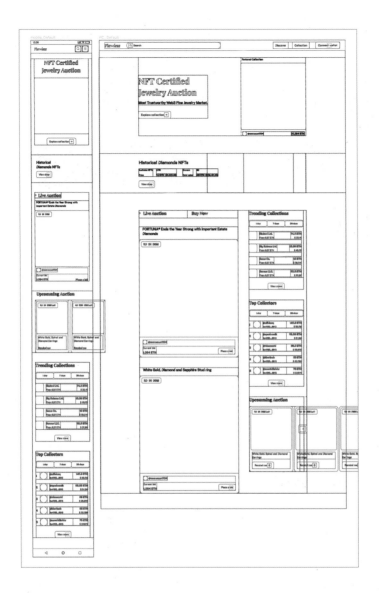

**06** 데스크톱 내비게이션 바는 스크롤 했을 때 아래 컴포넌트가 보이도록 Background blur 24를 적용합니다.

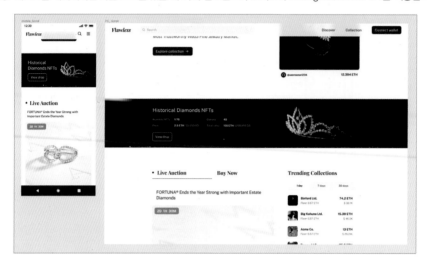

**07** 프로젝트에 사용한 컴포넌트를 정리합니다. Componetnt page 플러그인의 [Collect stray components] 기능과 Clean document 플러그인을 활용하면 편리합니다.

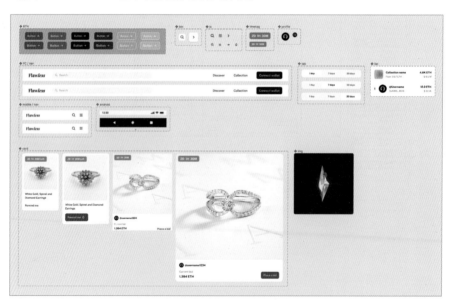

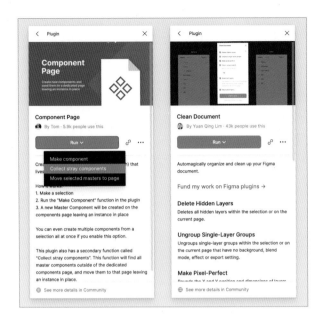

Appendix

# A

# 개발 전달과 파일 관리

---

# 개발 전달

부록 A는 개발자와의 협업을 편리하게 하는 내용을 담았습니다. 디자인을 완료하고 아이콘이나 그래픽을 다운로드하거나 복사하여 붙여넣기할 때 사용하는 기능을 소개하겠습니다. Export는 항상 오른쪽 사이드바 하단에서 찾을 수 있습니다.

## 디자인 에셋 내보내기

다운로드할 레이어나 슬라이스, 프레임을 선택하고 Export 패널 옆의 [+] 버튼을 클릭합니다.

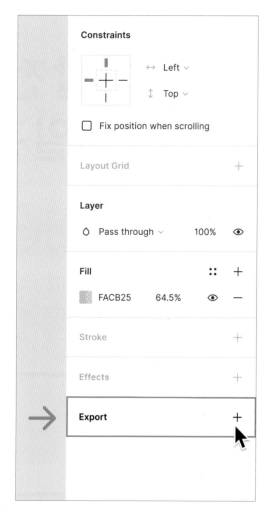

다음과 같은 기본 내보내기 패널이 나타납니다. 순서대로 기능을 알아봅시다.

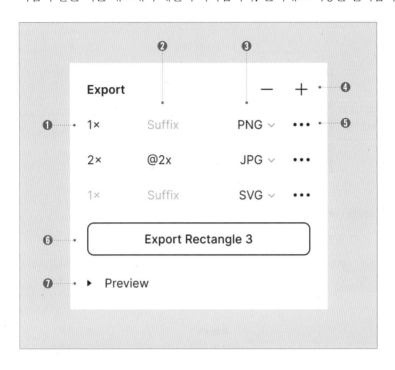

❶ 프리셋 이미지 사이즈: 안드로이드, iOS 스크린 해상도와 함께 자주 사용하는 사이즈 배율이 정해져 있습니다.

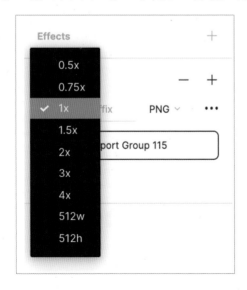

❷ Suffix: 접미사입니다. 파일명 끝에 원하는 단어를 추가할 수 있습니다.

❸ 파일 포맷: 내보낼 파일의 포맷을 지정합니다. 이외의 파일 포맷은 플러그인을 활용하여 내보낼 수 있습니다.

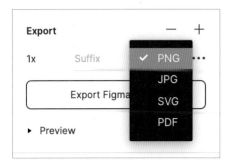

❹ 추가: 사이즈, 파일 포맷을 다르게 하여 한 번에 내보낼 수 있습니다.

❺ 옵션: PNG, JPG, SVG 포맷은 Contents Only 옵션을 사용할 수 있습니다.

옵션을 선택하면 선택한 레이어, 그룹, 프레임의 자식 레이어만 포함합니다. 선택하지 않으면 선택한 레이어 나 그룹과 겹친 모든 레이어를 내보냅니다.

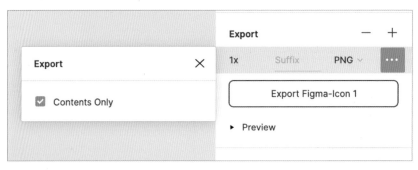

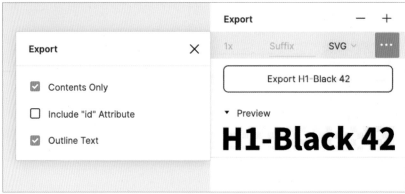

SVG 포맷은 옵션이 좀 더 다양합니다.

- Include "id" Attribute: SVG의 메타데이터에 레이어명으로 "id" 태그를 추가합니다. id는 해당 오브젝트만 사용하는 이름입니다.

- Outline Text: 이 옵션을 선택하면 텍스트 레이어를 아웃라인으로 변경해서 SVG로 저장합니다. 다른 프로그램에서 텍스트를 수정하고 싶다면 옵션을 풀고 내보내야 합니다.

❻ 내보내기: 선택한 이미지를 내보냅니다. Export 옵션을 선택한 모든 이미지를 한 번에 내보내려면 메뉴에서 Export를 검색합니다. 내보내기 팝업창이 뜨면 원하는 이미지를 선택할 수 있습니다. 단축키는 다음과 같습니다.

- 윈도우: **Ctrl** + **Shift** + **E**
- 맥: **Command** + **Shift** + **E**

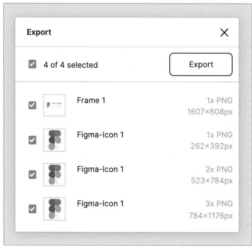

❼ 미리보기: 내보낼 이미지를 미리보기합니다. PNG의 경우 배경이 투명한지 확인할 수 있습니다.

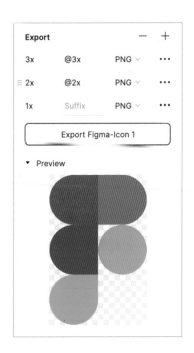

## 모든 이미지 한 번에 내보내기

개발자가 현재 페이지의 모든 아이콘을 한 번에 다운로드받고 싶어 한다면 [빠른 실행 〉 Export]를 사용합니다. 단축키 Ctrl/Command + Shift + E 입니다.

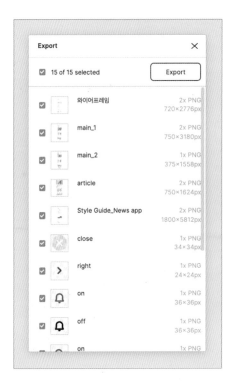

**Tip. 내보내지 않고 공유하기**

[마우스 오른쪽 클릭 > Copy/Paste > Copy as...] 옵션을 선택합니다. CSS, SVG, PNG를 복사하여 붙여넣기할 수 있습니다. 특히 Copy as PNG의 단축키를 활용하면 지라나 슬랙, 노션 같은 협업 도구에 시안을 공유할 때 편리합니다. Copy as PNG의 단축키는 다음과 같습니다.

- 윈도우: Ctrl + Shift + C

- 맥: Command + Shift + C

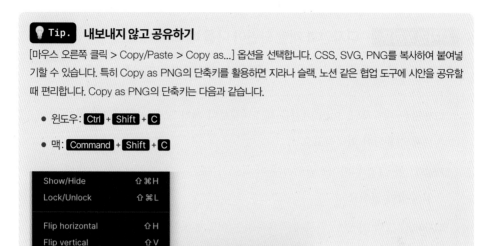

잠깐 👆 SVG 내보내기에서 선은 Center stroke만 지원합니다. SVG로 공유하는 아이콘의 디자인이 Inside나 Outside라면 [Outline Stroke]를 적용해 이미지가 변형되지 않도록 합니다. SVG의 용량을 낮추고 싶다면 [Flatten selection]을 적용하여 겹친 영역의 데이터를 없애줍니다.

**디자인과 개발 화면이 다를 때**

다음은 필자의 경험과 흔히 일어나는 상황을 토대로 대화를 재구성한 것입니다.

> **디자이너**: 개발자님, 이번 버전을 테스트해보니 제가 드린 이미지의 위치가 다르게 적용되어 있더라고요.
>
> **개발자**: 아 그건 디바이스별로 비율이 다르기 때문에 그 기기에서는 그렇게 보일 수밖에 없어요.
>
> **디자이너**: 그럼 이 정도 위치에 적용하려면 어떻게 하는 게 좋을까요?
>
> **개발자**: 흠, 이걸 2/3 지점이라든지 딱 수치상으로 정할 수는 없나요?

개발 화면에 디자인한 대로 나오지 않은 이유는 다양하지만 경험적으로 다음과 같았습니다.

## 영역 지정을 정확히 하지 않은 경우

중요한 디자인 요소는 프레임을 이용해서 전부 박스로 영역을 만들어줍니다. 그리고 화면 좌측 상단(position: 0, 0) 지점부터 얼마나 떨어져 있는지 수치상으로 확인하면서 수정합니다. 유명한 디자인 시스템의 수치와 위칫값을 확인해보는 것도 좋을 겁니다.

## 반응형을 계산하지 못한 경우

디자인에서 고정되어 있어야 하는 부분(고정 영역)과 늘어나도 되는 부분(가변 영역)의 가이드를 따로 만듭니다. 늘어나도 된다면 어디까지 늘어나야 하는지 가이드 페이지를 따로 만들어 전달합니다. 고정 영역과 가변 영역에 대한 이해는 3장의 '반응형 디자인을 위한 콘스트레인트와 레이아웃 그리드'를 참조하세요.

## 가이드가 불충분한 경우

원하는 디자인 형식이 있다면 가이드를 세세하게 작성하고 프로토타입을 만들면 좋습니다. 인터랙션과 같은 경우 코드펜[1]에서 검색하거나 관련 라이브러리를 찾아서 수치를 바꿔서 적용해달라고 요청하면 시간이 많이 절약됩니다.

## 기존 기능 때문에 적용하지 못한 경우

디자인이 이미 만든 기능에 적합하지 않아 생략했거나 임의로 변경했을 수 있습니다. 디자인을 전달하기 전에 회의를 통해 어떤 게 적용 가능하고 어떤 게 불필요한지 의논하여 해결합니다.

이런 문제 때문에 UI 디자이너는 기본적인 HTML/CSS에 대한 지식이 있어야 합니다. 약간의 자바스크립트 지식이 있다면 더 좋습니다. 디자인 캔버스는 고정된 환경이라 개발 환경에서 어떤 방식으로 정렬되고 움직이는지 예상하지 않고 디자인하게 됩니다. 피그마의 기능도 웹/앱을 구현하기 쉽게 만들었지만 어떤 기술인지 알고 디자인하는 편이 더 좋습니다. 디자이너가 기술 지식이 없다고 판단하면 개발자가 자세한 설명을 생략하게 됩니다. 원하는 기능이나 인터랙션이 있으면 유튜브 튜토리얼이나 코드펜 같은 곳에서 예시를 찾는 방안이 있습니다.

---

1 코드펜(CodePen)은 프론트엔드 개발자들이 만든 코드를 공유하는 사이트입니다. https://codepen.io/trending

# 코드 확인

피그마는 웹 기반으로 디자인하기 때문에 스케치와 어도비XD에 비해 디자인의 코드 전환이 편리합니다. 피그마 안에서도 디자인을 코드로 바꾸는 방법은 많지만 의도한 화면이 그대로 적용되려면 정리가 필요합니다. 디자인을 개발자에게 전달할 때 다음 요소들을 확인해보세요.

## 코드 변환 전 체크 요소

다음 중 '레이어 정리'와 '그룹 구조'는 부록 B에서 소개한 Clean Document 플러그인의 도움을 받을 수 있습니다.

### 레이어 정리

- 이름 규칙 지키기
- 소수점 확인하기
- 제플린 같은 외부 플러그인을 사용한다면 이미지 Export 처리하기

### 그룹 구조

- 빈 그룹 없애기
- 상위 요소와 하위 요소 구조 확인하기
- 디자인 요소가 프레임 내부에 있는지 확인하기

## 컨스트레인트, 레이아웃

- 상위 요소와 하위 요소 확인하기

- 반응형은 코드 변환 전 확인하기

## 영역

- 패딩, 마진 영역이 지정되어 있는지 확인하기

- 정렬 위치 확인하기

## 벡터

아래 요소는 필수는 아니지만 따라 하면 파일을 더 깔끔하게 정리할 수 있습니다.

- png, svg 이미지 사용이 필요한 요소를 모두 Export 옵션으로 선택하기

- 수정해야 하는 상대방이 폰트가 없을 때 [빠른 실행 > Outline Stroke]를 사용하여 폰트가 아닌 벡터 이미지로 변경하기

- SVG 아이콘: 불리언, 마스크 기능을 사용했을 경우 [빠른 실행 > Flatten]을 적용하면 마스크된 이미지만 남고 찌꺼기 코드를 제거하여 의도하지 않은 선이 생기는 걸 방지할 수 있음

- 비트맵 이미지로 만들 요소: 프레임이나 그룹을 이미지로 만들고 싶을 때 Export 후 다시 불러올 필요 없이 [빠른 실행 > Rasterize Selection]을 적용하면 수정할 수 없는 한 장의 이미지로 바로 변경 가능

잠깐👆 레이어 정리, 소수점 전환에 Clean document 플러그인을 주로 사용합니다.

잠깐👆 개발자는 디자인을 보고 개발하기 때문에 기획서와의 텍스트 싱크를 맞춰야 합니다. 기획이 변경되었을 때 Find & Replace 플러그인을 활용하여 한 번에 텍스트를 대치할 수 있습니다.

## 기본 인스펙트

인스펙트 패널은 디자인을 코드로 변환하기 쉽도록 정보를 제공하는 역할을 합니다. 오른쪽 그림은 텍스트 레이어에 적용할 수 있는 옵션이 모두 적용된 예입니다.

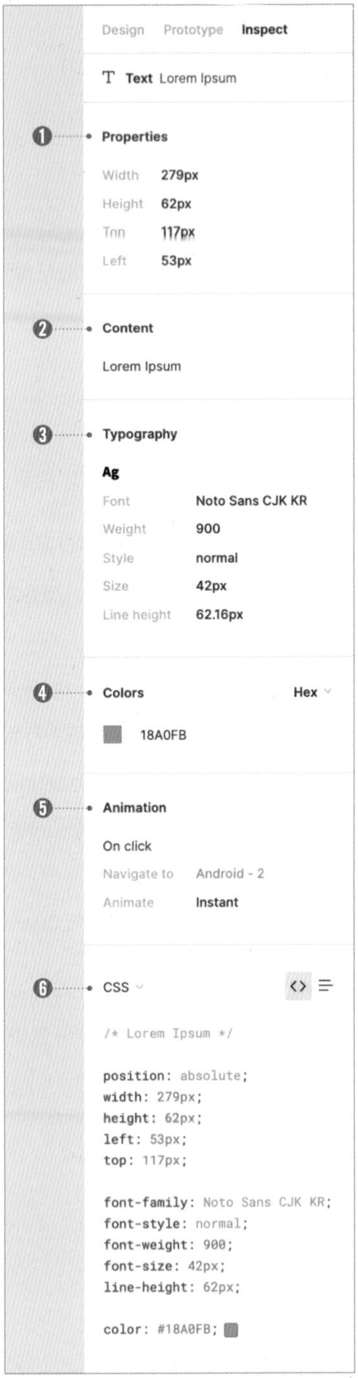

**잠깐** 👆 개발자가 View only 모드일 경우 검색 플러그인이 되지 않아 원하는 페이지를 찾지 못하는 어려움이 있습니다. 이 경우 Figma Search 브라우저 플러그인[2]을 사용하면 됩니다. 크롬, 파이어폭스를 지원합니다.

Design   Prototype   **Inspect**

T **Text** Lorem Ipsum

**❶** • **Properties**

| | |
|---|---|
| Width | **279px** |
| Height | **62px** |
| Tnn | **117px** |
| Left | **53px** |

**❷** • **Content**

Lorem Ipsum

**❸** • **Typography**

**Ag**

| | |
|---|---|
| Font | **Noto Sans CJK KR** |
| Weight | **900** |
| Style | **normal** |
| Size | **42px** |
| Line height | **62.16px** |

**❹** • **Colors** Hex ⌄

■ 18A0FB

**❺** • **Animation**

On click

| | |
|---|---|
| Navigate to | **Android - 2** |
| Animate | **Instant** |

**❻** • CSS ⌄ <> ≡

```
/* Lorem Ipsum */

position: absolute;
width: 279px;
height: 62px;
left: 53px;
top: 117px;

font-family: Noto Sans CJK KR;
font-style: normal;
font-weight: 900;
font-size: 42px;
line-height: 62px;

color: #18A0FB; ■
```

2 https://chrome.google.com/webstore/detail/figma-search/lfofpannpmmeeicgiiacjghmcfgnebbi

❶ Properties: 기본적인 위치와 사이즈를 알려줍니다. 모든 패널은 마우스 오버하면 Copy 버튼이 뜨며 다음 처럼 바로 적용 가능한 코드로 복사됩니다.

● 복사된 CSS 코드

```
height: 98px;
width: 153px;
left: 183px;
top: 138px;
```

❷ Content: '확인'이나 '이메일 주소' 같은 텍스트 내용을 바로 복사할 수 있습니다.

❸ Typography: 타이포그래피 옵션입니다. 행간에 자주 나타나는 소수점은 자동으로 정수로 변환됩니다.

❹ Colors: 피그마에서 지원하는 컬러 옵션으로 변경해서 확인할 수 있습니다. 스타일이 지정되어 있다면 스타일명이 함께 표시됩니다.

❺ Animation: 프로토타입을 적용했다면 이벤트와 트랜지션 옵션을 확인할 수 있습니다. Navigate to 옆의 파란색 프레임명을 클릭하면 해당 위치로 이동합니다.

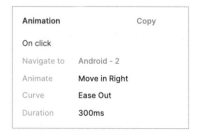

**❻ Code**: CSS, iOS, Android 코드를 지원합니다. 플러그인을 사용하면 SASS 등을 추가할 수 있습니다. 패널 오른쪽 상단의 버튼으로 코드와 정봇값을 오갈 수 있습니다.

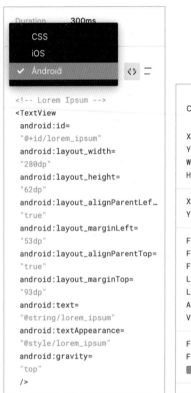

## 플러그인 활용

### 제플린

제플린(Zeplin)은 디자인의 수치와 파일 전달을 도와주는 가장 유명한 서비스입니다. 스케치와 피그마를 병행해서 사용하는 팀이라면 완료된 디자인을 제플린에서 모아보는 편이 더 효과적일 수 있습니다. 프레임을 선택한 후 플러그인을 실행하면 바로 제플린에 업로드됩니다.

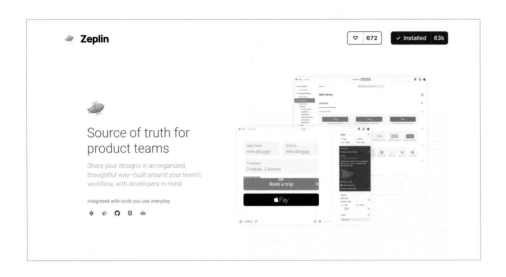

## Figma <> HTML

웹 페이지 디자인을 피그마로 가져오고, 피그마 디자인을 HTML 코드로 변환할 수 있는
플러그인입니다. builder.io로 디자인을 가져와 코드 없이 웹을 만들 수 있습니다. 레퍼런
스를 피그마로 가져올 때 사용하기 좋습니다.

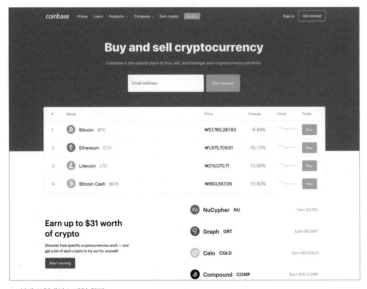

▶ 실제 코인베이스 메인 화면

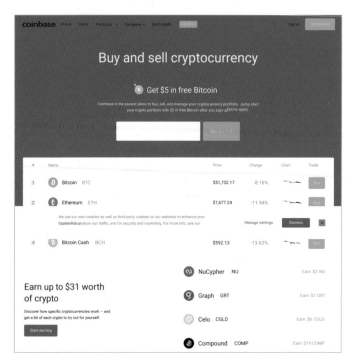

▶ Figma 〈〉 HTML을 이용해서 피그마로 가져온 화면

## Figma to Code

HTML뿐만 아니라 Flutter,
Tailwind 2, Swift UI 코드로
변환하는 플러그인입니다.

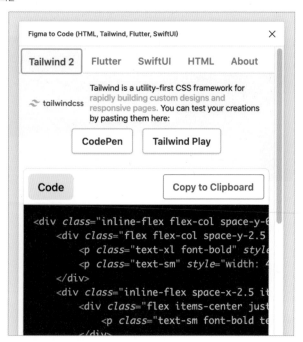

## 애니마

애니마(Anima)는 노코드 디자인 빌더입니다. 코드만 추출하는 게 아니라 웹 빌더로 사이트 호스팅까지 도와줍니다. 웹에서 디자이너와 개발자를 위한 협업 기능을 제공하지만 하나의 프로젝트만 무료로 만들 수 있고 코드 다운로드는 유료입니다. 서비스 디자인보다는 개인 디자이너의 포트폴리오 제작 용도로 적합합니다.

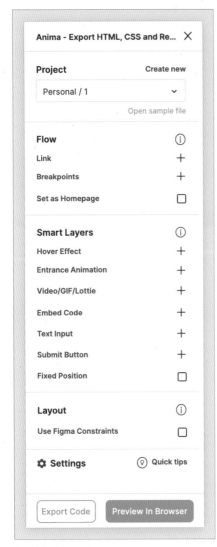

▶ 애니마 플러그인 화면

▶ 애니마로 내보낸 예제 화면

## 리액트 피그마

피그마의 컴포넌트는 모듈 단위로 화면을 조합하는 리액트와 궁합이 좋습니다. 리액트 피그마 플러그인을 사용하면 컴포넌트, 디자인 모듈 단위를 코드로 바로 변환해줍니다. 리액트를 사용 중인 팀이라면 도움이 될 만한 플러그인입니다.

▶ 리액트 피그마로 생성한 버튼 컴포넌트

# 브랜치로 파일 관리

브랜치 기능은 Organization, Enterprise 플랜에서 지원합니다. 피그마 권한이 Editor일 때만 브랜치를 사용할 수 있습니다. 브랜치 기능은 원본 파일을 보호하며 디자인, 프로토 타입, 라이브러리를 수정할 수 있습니다.

## 브랜치 활용하기

브랜치는 개발에서 사용하는 git의 파일 관리 방식입니다.

Branch는 가지라는 뜻으로 하나의 마스터 파일에서 복사본인 브랜치를 만들고, 수정한 뒤 마스터 파일에 머지(merge)하여 통합합니다. 이 방식은 장단점이 명확합니다.

- 장점: 여러 명의 팀원이 하나의 파일을 수정할 때 마스터 파일을 보호하면서 어떤 부분이 변경되었는지 확인하기 편리합니다.
- 단점: 마스터 파일을 함부로 변경하기 어렵고 관리 지점이 많아집니다. 마스터 파일 관리자가 있어야 합니다.

브랜치 기능은 빠르게 만들어 나가는 신규 서비스보다는 이미 성숙한 서비스의 디자인 시스템을 관리할 때 활용하면 좋습니다.

예를 들어 구글의 디자인 시스템은 다양한 서비스와 다국어를 지원해야 합니다. 나라별로 지원하는 기능과 정책이 다르기 때문에 디자인도 아주 많은 버전이 필요합니다.

한국 서비스를 디자인하다가 새로운 아이콘이 필요하다고 바로 마스터 파일에 업데이트하면 어떻게 될까요? 다른 디자이너는 새로운 아이콘이 업데이트된 줄도 모를 수 있고, 새로운 컴포넌트를 보고 혼란스러울 수 있습니다. 브랜치 기능은 합의된 파일만 마스터에 합쳐지면서 이런 문제를 방지합니다.

브랜치는 다음 플로우로 사용할 수 있습니다.

- 만들기 → 공유하기 → 업데이트 → 리퀘스트 → 리뷰 → 머지 → 관리

## 브랜치 만들기

**01** 브랜치를 만들 메인 파일에서 파일 이름 옆의 [∨] 아이콘을 클릭합니다.

**02** [Create branch..] 옵션을 선택합니다.

**03** 브랜치의 이름을 지정하면 브랜치가 만들어집니다.

## 메인 파일에서 업데이트하기

**01** 브랜치 파일 이름 옆의 [∨] 아이콘을 클릭합니다. 또는 메인 파일에 업데이트 내역이 있으면 하단 토스트로 알림이 옵니다.

**02** [Update from main...] 옵션을 선택하여 업데이트를 미리보기 할 수 있습니다.

**03** 추가(Added), 수정(Edited), 삭제(Remove) 태그가 달린 업데이트 내역 리스트를 확인할 수 있습니다.

**04** [Apply changes]를 선택하여 브랜치에 모든 업데이트를 적용할 수 있습니다.

## 충돌 해결하기

다른 작업자가 같은 아이콘을 메인 파일과 브랜치 파일에서 동시에 변경했다면 어떤 결과물로 메인 파일에 업데이트할지 확인해야 합니다.

**01** Update from main file을 했을 때 충돌하는 업데이트가 있다면 Resolve conflicts 모달창이 나타납니다. [Resolve conflicts] 버튼을 클릭합니다.

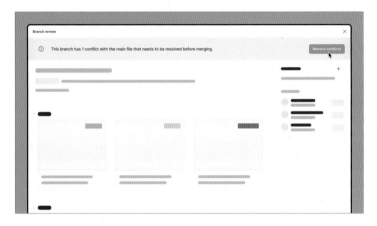

**02** 왼쪽 사이드바에서 충돌하는 요소의 리스트를 확인합니다. 각 리스트를 클릭하여 메인과 브랜치 중 남겨놓을 디자인 버전을 선택합니다.

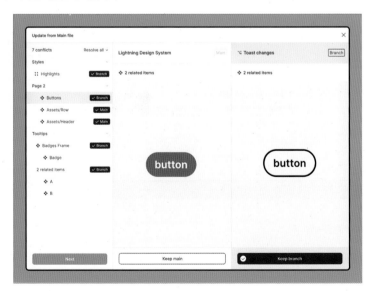

**03** 같은 옵션을 모든 충돌에 적용하고 싶다면 Resolve all 메뉴를 사용합니다. Pick main file로 메인 파일의 디자인만, Pick branch로 브랜치 파일의 디자인만 선택 가능합니다.

**04** [Next] 버튼을 클릭하여 [전체 메인 파일 > 브랜치 파일]의 전체 업데이트 내역을 확인하고 Apply changes 를 클릭합니다.

## 브랜치 리뷰 요청하기

**01** 브랜치 파일 이름 옆의 [∨] 아이콘을 클릭합니다.

**02** Request review를 선택합니다.

**03** 내가 파일에서 만든 변경점을 확인하고 승인할 리뷰어를 Add 버튼을 클릭하여 선택합니다. 좌측 패널에서 팀 원이 Suggested로 나타나기도 하고 [+] 버튼을 클릭하여 추가할 수 있습니다.

**04** [Request review] 를 클릭합니다.

**05** [Send to reviewers]를 클릭하면 리뷰 요청이 보내집니다. 리뷰어의 노티피케이션과 이메일로 알림이 가고, 브랜치명 옆에 In review 태그가 보입니다.

**06** Changes suggested, Approved 태그로 리뷰어의 피드백을 확인할 수 있습니다.

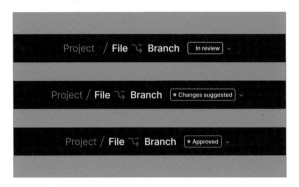

**07** Changes suggested일 경우 1번으로 돌아가 다시 리뷰 요청을 보내면 됩니다.

## 메인 파일에 브랜치 머지하기

**01** 브랜치 파일 이름 옆의 [∨] 아이콘을 클릭합니다.

**02** [Review and merge changes]를 선택합니다.

**03** 개별 디자인 요소의 변경점을 비교할 수 있습니다. 왼쪽이 이전 디자인, 오른쪽이 변경된 디자인입니다. 좌측 하단 Overlay 옵션으로 겹쳐서 볼 수 있습니다.

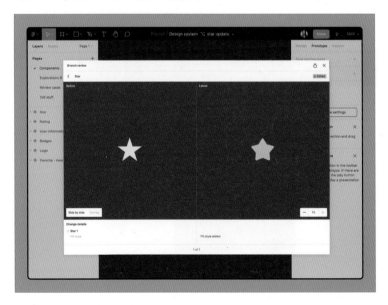

**04** 모달 우측 하단의 [Merge] 버튼을 클릭하면 메인 파일에 브랜치의 변경 사항이 업데이트됩니다. 동시에 브랜치는 아카이브됩니다.

**05** 하단에 Branch merged라는 토스트 창이 뜹니다. [Edit merge description]을 클릭하면 이 머지에 대한 설명을 작성할 수 있습니다. 이 내역은 버전 히스토리에서도 확인할 수 있습니다.

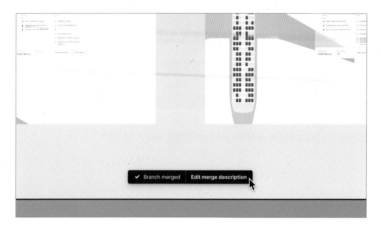

## 브랜치 관리하기

**01** 브랜치 파일 이름 옆의 [∨] 아이콘을 클릭합니다.

**02** [See all branches]를 클릭하면 브랜치 모달이 뜹니다.

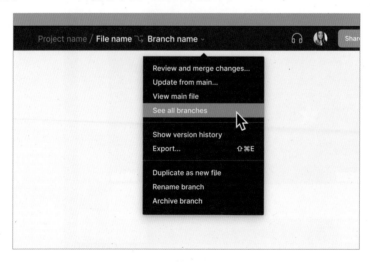

**03** 메인 파일의 Edit가 가능하다면 다음 옵션이 가능합니다.

- Duplicate as new file: 새로운 파일로 복제하기

- Rename branch: 이름 변경하기

- Archive branch: 머지 없이 현재 브랜치 보관하기

Appendix

# B

# 단축키와 플러그인

# 단축키

## 헬프 버튼

피그마 화면 우측 하단을 보면 눈에 띄는 위치에 헬프 버튼이 있습니다. 클릭하여 [Keyboard Shortcuts]를 선택합니다.

단축키를 바로 테스트해볼 수 있습니다. 사용한 단축키는 파란색으로 표시됩니다. 단축키가 헷갈릴 때 이 숏컷 창을 이용하여 학습하는 걸 추천합니다. 이 버튼이 필요가 없으면 [빠른 실행 > Hide help UI]로 안 보이게 할 수 있습니다.

## 필수 단축키와 선택 단축키

필자가 가장 많이 사용하는 필수 단축키와 선택 단축키는 다음과 같습니다. 이 외에는 UI 패널에서 찾아서 사용하거나 검색을 활용하면 됩니다. 필수 단축키는 자주 사용하지만 기능이 숨어 있기 때문에 꼭 알아야 합니다. 선택 단축키는 사용하면 작업 시간을 크게 줄일 수 있습니다.

### 필수 단축키

| 기능 | 윈도우 | 맥 |
| --- | --- | --- |
| 빠른 실행/검색 | Ctrl + / 또는 Ctrl + P | Command + / 또는 Command + P |
| 사각형 | R | R |
| 원형 | O | O |
| 텍스트 | T | T |
| 선 | L | L |
| 복제 | Ctrl + D | Command + D |
| 스타일 복사 | Ctrl + Alt + C | Command + Option + C |
| 스타일 붙여넣기 | Ctrl + Alt + V | Command + Option + V |
| 스케일 | K | K |
| 레이어 사이즈 조절 | Ctrl + 방향키 | Command + 방향키 |
| 레이어 큰 사이즈 조절 | Ctrl + Shift + 방향키 | Command + Shift + 방향키 |
| 레이어 이동 | 방향키 | 방향키 |
| 레이어 큰 이동 | Shift + 방향키 | Shift + 방향키 |
| 레이어명 변경 | Ctrl + R | Command + R |
| 도형 편집 시작하기 | Enter | Return |
| 도형 편집 끝내기 | Esc | Esc |
| 투명도 조절 | 숫자키 1~0 | 숫자키 1~0 |
| 그룹 만들기 | Ctrl + G | Command + G |
| 그룹 풀기 | Ctrl + Shift + G | Command + Shift + G |
| 새 파일 | Ctrl + N | Command + N |

| 기능 | 윈도우 | 맥 |
|---|---|---|
| 컴포넌트 창 켜기 | Shift + I | Shift + I |
| 새로운 창 열기 | Ctrl + Shift + N | Command + Shift + N |
| 컬러 피커 | I | I 또는 Control + C |

## 선택 단축키

| 기능 | 윈도우 | 맥 |
|---|---|---|
| 텍스트 사이즈 크게 | Shift + Ctrl + > | Shift + Command + > |
| 텍스트 사이즈 작게 | Shift + Ctrl + < | Shift + Command + < |
| 폰트 두께 굵게 | Alt + Ctrl + > | Option + Command + > |
| 폰트 두께 가늘게 | Option + Ctrl + < | Option + Command + < |
| 텍스트 행간 넓게 | Alt + Shift + > | Option + Shift + > |
| 텍스트 행간 좁게 | Alt + Shift + < | Option + Shift + < |
| 텍스트 자간 넓게 | Alt+ > | Option + > |
| 텍스트 자간 좁게 | Alt+ < | Option + < |
| 컴포넌트 만들기 | Alt + Ctrl + K | Option + Command + K |
| 컴포넌트 해제하기 | Alt + Ctrl + B | Option + Command + B |
| 레이아웃 그리드 켜고 끄기 | Ctrl + G | Command + G |
| 자 기능 켜고 끄기 | Shift + R | Shift + R |
| 레이어 순서 한 단계 위로 이동 | Ctrl + ] | Command + ] |
| 레이어 순서 한 단계 아래로 이동 | Ctrl + [ | Command + [ |
| 레이어 순서 최상위 이동 | Alt + Ctrl + ] | Option + Command + ] |
| 레이어 순서 최하위 이동 | Alt + Ctrl + [ | Option + Command + [ |
| 레이어 잠금 | Alt + Ctrl + L | Shift + Command + L |
| 오토레이아웃 지정 | Shift + A | Shift + A |
| 오토레이아웃 삭제 | Shift + Alt+ A | Shift + Option + A |
| 픽셀 그리드에 스냅 끄고 켜기 | Shift + Ctrl + ' | Shift + Command + ' |
| 모든 이미지 내보내기 | Shift + Ctrl + E | Shift + Command + E |

## 커스텀 단축키

맥에서는 [키보드 > 앱 단축키]에서 Figma를 추가하여 커스텀 단축키를 설정할 수 있습니다. 기능과 정확히 같은 이름을 사용해야 하므로 검색에서 나오는 이름을 대문자까지 똑같이 써야 합니다. 이미 단축키가 지정되어 있는 기능을 새 단축키로 바꿔도 작동합니다.

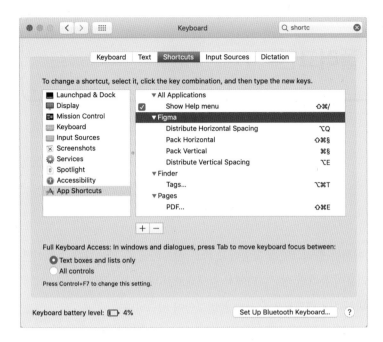

## 자주 사용하는 Quick action

다음은 필자가 개인적으로는 자주 사용하지 않거나 단축키가 복잡해 검색하여 사용하는 기능입니다.

| 기능 | 이름 |
| --- | --- |
| 플러그인 실행 | 플러그인 이름으로 실행 |
| 모든 잠금 레이어 풀기 | Unlock all Object |
| 수치 정수 변환 | Round to Pixel |
| 폰트, 아이콘 아웃라인 | Outline Stroke |
| 다각형 | Polygon |
| 별 | Star |
| 비트맵으로 이미지 래스터라이즈 | Rasterize Selection |
| 좌우 뒤집기 | Flip Horizontal |
| 상하 뒤집기 | Flip Vertical |
| 선택한 영역 프레임으로 감싸기 | Frame Selection |
| 칠 부분과 선 부분의 색상 바꾸기 | Swap Fill and Stroke |
| 전체 UI 숨기기 | Hide UI |

# 플러그인

## 플러그인 시작하기

피그마의 커뮤니티 탭에서는 플러그인을 확인하고 바로 설치해볼 수 있습니다. '왜 이런 기능이 없을까?'라는 의문이 든다면 커뮤니티에서 검색해보길 바랍니다. 특히 스케치에서 사용했던 기능을 그리워한다면 대부분은 유사한 플러그인이 있습니다.

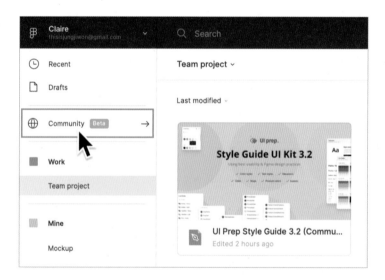

플러그인을 사용하려면 [메뉴 > Plugins] 또는 [마우스 오른쪽 클릭 > Plugins]에서 원하는 플러그인을 선택합니다. 더 쉽게 접근하려면 Ctrl/Command + / 로 플러그인을 검색하면 됩니다. 플러그인은 새로운 창에 나타납니다.

Manage plugins… 탭을 선택하면 내가 설치한 모든 플러그인을 확인하고 언인스톨할 수 있습니다.

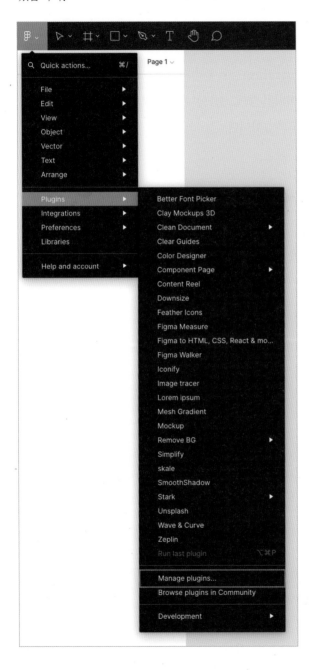

# 필수 플러그인

필수 플러그인은 실제 업무에서 자주 사용하는 플러그인입니다.

## Unsplash

무료, 서짓권 프리 사진을 제공하는 unsplash.com에서 제공하는 플러그인입니다. 포트폴리오의 백그라운드 이미지나 더미 이미지 등에 사용합니다. 카테고리에서 무작위로 이미지를 불러오며 원하는 태그로 검색도 가능합니다.

## Iconify

다양한 아이콘을 검색해서 바로 캔버스에 가져올 수 있습니다. 유명한 디자인 시스템의 아이콘을 바로 사용할 수 있습니다. 유사한 아이콘 플러그인으로 Material Design Icons 와 Feather Icons가 있습니다. 단일 아이콘 세트만 사용해도 된다면 사용성에선 머티리얼 디자인 아이콘 플러그인을 추천합니다.

## Scale

피그마의 기본 스케일 툴은 스크러비 커서가 기본이어서 정확한 수치로 조정하기 어려운 단점이 있습니다. Scale은 퍼센티지나 원하는 수치로 스케일을 조정할 수 있습니다.

## Better Font Picker

피그마는 기본 폰트 선택 팝업에서 폰트명만 지원합니다. 시스템 폰트를 주로 사용하는 UI 특성과 폰트 라이선스 문제 때문이 아닌가 짐작합니다. 이에 따라 커스텀 폰트를 써야 할 때는 미리보기가 없어 불편합니다. 베터 폰트 피커는 폰트 미리보기를 지원합니다.

## Content Reel

다양한 더미 데이터, 아이콘, 프로필 이미지를 제공합니다. 로그인하고 커스텀 데이터도 만들 수 있습니다. 마이크로소프트에서 만들었기 때문에 플루언트 디자인 시스템 아이콘을 바로 가져올 수 있습니다.

### Figma Measure

디자인 요소의 수치를 표시하는 데 아주 편리합니다. 인스펙트로 확인하지 않고 바로 이미지로 공유해야 하거나 디자인 가이드를 제작해야 할 때 사용합니다.

### Clean Document

말 그대로 파일을 정리하는 걸 도와줍니다. 빈 그룹을 없애거나 숨겨진 레이어를 지우고 싶을 때 사용합니다. 작업 마지막에 실행하여 레이어를 깔끔하게 정리할 때 자주 사용합니다.

### Component Page

스케치처럼 컴포넌트를 하나의 페이지에 따로 모아 관리할 수 있도록 도와줍니다.

### Remove BG

포토샵을 이용하지 않고 이미지의 배경을 바로 피그마에서 제거할 수 있습니다. 무료인 대신 https://www.remove.bg에 직접 로그인한 후 api 키를 받아 플러그인에 입력해야 합니다.

## 추천 플러그인

필자가 직접 사용해보고 생산성 개선에 도움이 되는 플러그인을 추천합니다.

### Design Lint

두 프레임 사이에 공통점이 없는 스타일을 자동으로 찾아내고 한 번에 변경할 수 있습니다.

### Stark

웹 시각 접근성을 도와줍니다. Check Contrast 기능에서는 현재 색상이 백그라운드와 시각적으로 대비가 좋은 색상인지 확인할 수 있습니다. Color Blind Simulation에서는 적록 색약 등 다양한 색약과 색맹이 볼 수 있는 화면을 테스트할 수 있습니다.

### Image tracer

일러스트레이터 없이 이미지를 벡터로 트레이싱할 수 있습니다.

### Downsize

이미지를 처저하하여 파일 사이즈를 줄이고 로딩 속도를 높여줍니다.

### Find and Replace

텍스트를 찾고 바꿉니다. 피그마의 기본 Text Replace와 달리 선택되지 않은 텍스트를
모두 변경할 수 있습니다.

### Find / Focus

심플한 텍스트 검색 플러그인입니다.

### Figma Walker

원하는 컴포넌트, 레이어, 프레임을 검색해 바로 이동할 수 있습니다.

### Clear Guides

프레임에 가이드가 너무 많아졌을 때 이 플러그인을 사용해서 한 번에 모든 가이드를 삭
제합니다.

### Google Sheets Sync

구글 시트 싱크는 실제 데이터를 바로 디자인에 적용할 수 있도록 해줍니다.

### Mockup

포토샵 없이 기울어진 목업에 화면을 바로 적용할 수 있습니다. 목업 라이브러리도 무료
로 제공합니다.

## Automator

피그마를 위한 자동화 기능입니다. 아이폰의 명령어 설정처럼 반복 작업을 저장하고 다른 사람들이 만들어놓은 프로세스를 다운로드하여 사용할 수 있습니다.

## 팀 플러그인

피그마는 REST API와 플러그인 제작 가이드를 제공합니다. 원하는 기능의 플러그인을 직접 만들어 커뮤니티에 퍼블리싱할 수 있으며 Organization 플랜을 사용하여 비공개로 팀에서만 사용할 수도 있습니다.

공식적으로 타입스크립트와 비주얼 스튜디오 코드 환경에서 제작하는 걸 추천하며 자바스크립트도 지원합니다. 피그마 디벨로퍼 페이지에서 개발 환경 설정 등 자세한 내용을 확인할 수 있습니다. 팀에서 자주 사용하는 이름 규칙이나 타입 설정이 있다면 플러그인으로 자동화하여 생산성 향상을 높일 수 있습니다. 예를 들어 텍스트 박스를 만들 때 안드로이드용으로 한글은 Noto Sans, 영문은 Roboto 조합으로 생성되도록 플러그인을 만든다면 많은 시간이 절약됩니다.

# 찾아보기

# 찾아보기